平和を創る女性の世紀へ

幸福の花束

池田大作先生
指導集

III

池田大作先生ご夫妻

創価世界女性会館
世界聖教会館より
2019年9月

「人間の機関紙」の大発展を祈念しつつ、
図書資料室で歓談
2019年9月　世界聖教会館

輝き光る5月3日

1960年（昭和35年）5月2日の夜、東京は激《はげ》しい雷雨《らいう》に見舞《みま》われました。翌日《よくじつ》の第三代会長就任式《だいさんだいかいちょうしゅうにんしき》は何としても晴天《せいてん》であれと、真剣《しんけん》に祈《いの》ってくれた婦人部・女子部の方々《かたがた》の真心《まごころ》を、私は今も忘《わす》れることはできません。

その祈《いの》りを映《うつ》して、5月3日の朝、空はすがすがしく晴れ上がり、鮮《あざ》やかな虹《にじ》がかかりました。すみずみまで掃《は》き清《きよ》められた会場には、いたる所、色とりどりの花また花が飾《かざ》られていたことも蘇《よみがえ》ります。

恩師《おんし》・戸田城聖《じょうせい》先生の形見《かたみ》のモーニングを着用《ちゃくよう》した私に、入場前、妻は「役員《やくいん》の方々《かたがた》が心を込《こ》めて用意《ようい》してくださいました」と言って、白菊《しらぎく》の大輪《たいりん》の胸章《きょうしょう》をつけてくれました。

まさしく、われらの輝《かがや》き光《ひか》る5月の3日は、いつも広宣流布《こうせんるふ》の誓願《せいがん》に生《い》き抜《ぬ》く、母たち、女性たちの「太陽の心」に照《て》らされ、歓喜《かんき》と決意《けつい》の大輪《たいりん》が咲《さ》き誇《ほこ》る日であるといってよいでありましょう。

『幸福の花束Ⅱ』「発刊に寄せて」より

日本航空
JAL

世界平和の道を開く

1960年（昭和35年）10月2日——。

彼が初《はつ》の海外訪問《かいがいほうもん》の出発《しゅっぱつ》の日を10月2日と決《き》めたのも、2日が戸田の命日《めいにち》にあたるからであった。

伸一には、「世界《せかい》に征《ゆ》くんだ」と語った戸田の思いが痛《いた》いほどわかった。

この山本伸一の海外訪問《かいがいほうもん》は、苦悩《くのう》する世界の民衆《みんしゅう》にヒューマニズムの光《ひかり》を注《そそ》ぎ、人類《じんるい》の蘇生《そせい》の歴史《れきし》を創造《そうぞう》する、今日《こんにち》のＳＧＩ（創価学会インタナショナル）運動の突破口《とっぱこう》を開《ひら》くことになる。それは、仏教史《ぶっきょうし》を画《かく》する新《あら》たな時代《じだい》の幕開《まくあ》けにほかならなかった。しかも、奇《く》しくもこの年は、日蓮大聖人が「立正安国論《りっしょうあんこくろん》」を認《したた》められ、恒久平和《こうきゅうへいわ》への光の矢《や》を放《はな》たれてから、ちょうど七百年にあたっていた。不思議《ふしぎ》なる時の一致《いっち》といってよい。

『新・人間革命』第1巻「旭日《きょくじつ》」の章より

発刊に寄せて

妙法《みょうほう》の
　広布《こうふ》の旅《たび》は
　　遠《とお》けれど
共《とも》に励《はげ》まし
　共々《ともども》に征《ゆ》かなむ

師《し》の声《こえ》を生命《せいめい》に轟《とどろ》かせ、私が第三代会長《だいさんだいかいちょう》として世界広宣流布《せかいこうせんるふ》への指揮《しき》を執《と》り始《はじ》めたのは、晴《は》れわたる一九六〇年（昭和三十五年）の五月三日です。

その夜、大田区《おおたく》の小さな自宅《じたく》に、抑《おさ》え切《き》れない喜《よろこ》びの心《こころ》で訪《たず》ねてくれた関西《かんさい》の同志《どうし》は、ふだんと全《まった》く変《か》わらない我《わ》が家《や》の様子《ようす》に驚《おどろ》いておりました。

とくに婦人部の友《とも》は、妻《つま》がお祝《いわ》いのお赤飯《せきはん》も炊《た》かず、この日を「死身弘法《ししんぐほう》」の出発《しゅっぱつ》の日と覚悟《かくご》を定《さだ》めていたことに胸《むね》を突《つ》かれたようです。そして、どこまでも第三代《だいさんだい》と共《とも》に、「負《ま》けたらあかん！」の関西魂《かんさいだましい》で常勝《じょうしょう》の広布《こうふ》旅《たび》をと、深《ふか》く固《かた》く決《けつ》意《い》してくれたのです。

この友《とも》も、また妻《つま》も、さらに当時《とうじ》の婦人部のリーダーたちも、皆《みな》、今の「ヤング白《しら》ゆり世代《せだい》」でした。

まぎれもなく、六十年前の五月の三日、若《わか》き地涌《じゆ》の女性《じょせい》たちが、青年会長《せいねんかいちょう》と一《いっ》緒《しょ》に誓願《せいがん》の信心《しんじん》に立《た》ち上《あ》がって、創価家族《そうかかぞく》の新《あら》たな前進《ぜんしん》が始《はじ》まったのです。

思《おも》えば、御本仏《ごほんぶつ》の御《おん》もとで、日眼女《にちげんにょ》（四条金吾《しじょうきんご》の夫人《ふじん》）が「年《とし》は・わかう《若》なり福《ふく》はかさなり候《そうろう》べし」（御書一一三五ページ）と信心《しんじん》の鑑《かがみ》を示《しめ》していったのも、三十三歳《さい》の前後《ぜんご》、すなわちヤング白《しら》ゆり世代《せだい》でありました。

日蓮大聖人《にちれんだいしょうにん》は、この日眼女《にちげんにょ》に「大闇《おおやみ》をば日輪《にちりん》やぶる」（御書一一一四ページ）と仰《おお》せです。

若《わか》くして「太陽《たいよう》の仏法《ぶっぽう》」を持《たも》った女性《じょせい》は、まさしく昇《のぼ》りゆく旭日《きょくじつ》の生命《せいめい》の当体《とうたい》です。

今、日本全国《ぜんこく》はもとより世界《せかい》のヤング白《しら》ゆり世代《せだい》が、先輩方《せんぱいがた》と手を携《たずさ》えて、「人間革命《にんげんかくめい》」即《そく》「広宣流布《こうせんるふ》」の清新《せいしん》な大光《たいこう》を放《はな》ち、人生《じんせい》と社会《しゃかい》の不幸《ふこう》の大闇《おおやみ》を晴《は》らしていくスクラムを、私も妻《つま》も多宝《たほう》の共戦《きょうせん》の同志《どうし》たちと何《なに》よりうれしく見守《みまも》る日々《ひび》なのです。

『幸福《こうふく》の花束《はなたば》』の第三集《だいさんしゅう》の発刊《はっかん》に当《あ》たり、共々《ともども》に心新《こころあら》たに拝読《はいどく》したい御聖訓《ごせいくん》があります。

「法華経《ほけきょう》を信《しん》ずる人《ひと》は冬《ふゆ》のごとし冬は必《かなら》ず春《はる》となる、いまだ昔《むかし》よりきかず・みず冬の秋《あき》とかへれる事《こと》を、いまだきかず法華経を信ずる人の凡夫《ぼんぷ》となる事を」（御書一二五三ジー）

けなげな妙一尼《みょういちあま》に贈《おく》られたお手紙《てがみ》です。歯《は》を食《く》いしばって師弟《してい》の正義《せいぎ》を守《まも》り抜《ぬ》いた最愛《さいあい》の夫《おっと》は、大聖人《だいしょうにん》が佐渡流罪《さどるざい》を勝《か》ち越《こ》えられる、その前《まえ》に亡《な》くなりました。自《みずか》らも健康《けんこう》にすぐれず、まだ幼《おさな》い、また病《やまい》の子《こ》らを抱《かか》えながら、不退《ふたい》の信心《しんじん》を貫《つらぬ》き通《とお》していったのです。

「冬《ふゆ》は必《かなら》ず春《はる》となる」――この一節《いっせつ》は今、師弟不二《していふに》の母《はは》の偉大《いだい》な信仰《しんこう》の軌跡《きせき》とともに、全世界《ぜんせかい》の宝友《ほうゆう》の希望《きぼう》と輝《かがや》きわたっております。

ヤング白《しら》ゆり世代《せだい》の二十代、三十代、四十代という年代《ねんだい》は、人生《じんせい》の花盛《はなざか》りであり、働《はたら》き盛《ざか》りであります。と同時《どうじ》に、目《め》まぐるしいまでの変化《へんか》の連続《れんぞく》でしょう。

そのなかで、たとえ、どんな試練《しれん》の冬《ふゆ》が打《う》ち続《つづ》いたとしても、自行化他《じぎょうけた》の題目《だいもく》を唱《とな》えながら、幸福《こうふく》の春《はる》を創《つく》り広《ひろ》げていけるのが、創価《そうか》の女性《じょせい》たちです。

その意味《いみ》において、このヤング白《しら》ゆりの年代《ねんだい》を、私は「青春《せいしゅん》」に続《つづ》く「創春《そうしゅん》」の時代《じだい》と意義《いぎ》づけたいと思《おも》うのであります。

世界中《せかいじゅう》の識者《しきしゃ》からも、わが婦人部に大《おお》きな共感《きょうかん》が寄《よ》せられています。

その一人《ひとり》が、エマソン協会《きょうかい》の会長《かいちょう》を務《つと》められ、共《とも》に対談集《たいだんしゅう》を発刊《はっかん》したワイダー博士です。

創価大学《そうかだいがく》で初《はじ》めてお会《あ》いした日、博士はお母《かあ》さまの形見《かたみ》であるブルーのスーツを着用《ちゃくよう》されていました。母《はは》を思《おも》う美《うつく》しき心《こころ》に、妻《つま》と深《ふか》い感銘《かんめい》を受《う》けました。

博士のお母《かあ》さまは若《わか》き日、アメリカの哲人《てつじん》エマソンが提唱《ていしょう》した「自己信頼《じこしんらい》」の思想《しそう》に共鳴《きょうめい》して、ノートにこう綴《つづ》られたといいます。

「人間《にんげん》は自分《じぶん》の価値《かち》を知《し》り、自立《じりつ》しなければならない」「人《ひと》のまねをして、自分の人生《じんせい》を型《かた》にはめるな」

型通《かたどお》りに生《い》きることを多《おお》くの女性《じょせい》が無理《むり》強《じ》いされた当時《とうじ》にあって、お母《かあ》さまは、この信念《しんねん》をもって、看護師《かんごし》という夢《ゆめ》を実現《じつげん》し、病《やまい》に苦《くる》しむ人々《ひとびと》に寄《よ》り添《そ》い、支《ささ》え続《つづ》けました。

この崇高《すうこう》な母《はは》の心《こころ》を受《う》け継《つ》いできた博士が、心から信頼《しんらい》してくださっているのが、創価《そうか》の「桜梅桃李《おうばいとうり》」の連帯《れんたい》なのです。

働《はたら》き方《かた》や家族《かぞく》のあり方、子育《こそだ》て、介護《かいご》など、ライフスタイルはますます多様化《たようか》しています。「こうあらねばならない」という画一的《かくいつてき》な正解《せいかい》はありませんし、必《ひつ》要《よう》もないでしょう。

だからこそ、妙法《みょうほう》という大宇宙《だいうちゅう》の根本《こんぽん》の法則《ほうそく》と合致《がっち》して、「自体顕照《じたいけんしょう》」つまり自分自身《じぶんじしん》の生命《せいめい》をありのままの姿《すがた》で最高《さいこう》に顕《あらわ》し照《て》らしながら、縁《えん》する人々《ひとびと》と調和《ちょうわ》の世界《せかい》を織《お》り成《な》していく生《い》き方《かた》が、一段《いちだん》と求《もと》められております。

ヤング白《しら》ゆり世代《せだい》の一人《ひとり》一人が、誇《ほこ》りと自信《じしん》と団結《だんけつ》をもって、自分《じぶん》らしく伸《の》びやかに価値創造《かちそうぞう》していく「創春《そうしゅん》」の舞《まい》が、そのまま新《あら》たな「女性《じょせい》の世紀《せいき》」の開拓《かいたく》に連動《れんどう》することを、私は確信《かくしん》してやみません。

その心強《こころづよ》い力《ちから》となるのが、先輩方《せんぱいがた》の聡明《そうめい》にして大《おお》らかな励《はげ》ましです。

御書《ごしょ》に「さくらはをもしろき物・木の中《なか》よりさきいづ」（一四九二ジペー）とあるように、どんなに綺麗《きれい》な花《はな》を咲《さ》かせる樹木《じゅもく》も、間近《まぢか》で見《み》れば幹《みき》や枝《えだ》はゴツゴツしていて、武骨《ぶこつ》な姿《すがた》です。傷《きず》も目《め》につくでしょう。そうであるけれども、冬《ふゆ》を耐《た》えて春《はる》を待《ま》って、満開《まんかい》の花を咲かせていきます。

人《ひと》も同《おな》じでしょう。相手《あいて》の短所《たんしょ》をつつくのは、たやすいことです。そうではなく、長所《ちょうしょ》を見いだし、伸《の》ばしながら、長《なが》い目《め》で励《はげ》まし、見守《みまも》り続《つづ》けていくところに、歓喜《かんき》あふれる桜梅桃李《おうばいとうり》の人華《にんげ》の園《その》を咲《さ》き薫《かお》らせることができるのではないでしょうか。

今、世界《せかい》の創価家族《そうかかぞく》が目指《めざ》す二〇三〇年・学会創立百周年《がっかいそうりつひゃくしゅうねん》への十年は、国際《こくさい》社会《しゃかい》の指標《しひょう》であるSDGs《エスディージーズ》（持続可能な開発目標《じぞくかのうかいはつもくひょう》）への十年と一致《いっち》しております。SDGsの根本理念《こんぽんりねん》は「誰《だれ》も置《お》き去《ざ》りにしない」です。

あの「冬《ふゆ》は必《かなら》ず春《はる》となる」の御書《ごしょ》では、続《つづ》いて法華経《ほけきょう》の経文《きょうもん》が引《ひ》かれております。

「若《も》し法《ほう》を聞《き》くこと有《あ》らば　一《ひと》りとして成仏《じょうぶつ》せざること無《な》けん」（法華経一三八ページ）

誰《だれ》も置《お》き去《ざ》りにせず、一人《ひとり》も残《のこ》らず「成仏《じょうぶつ》」という永遠《えいえん》の幸福《こうふく》へと導《みちび》いていく広宣流布《こうせんるふ》に、また立正安国《りっしょうあんこく》に、私たちはいよいよ明《あか》るく仲良《なかよ》く朗《ほが》らかに行進《こうしん》していこうではありませんか！

あまりにも尊貴《そんき》な婦人部ありて、創価《そうか》の大城《だいじょう》あり。わが婦人部の異体同心《いたいどうしん》のスクラムがあれば、学会《がっかい》は末法万年尽未来際《まっぽうまんねんじんみらいさい》へ勝《か》ち栄《さか》えていくことを、私は固《かた》く信《しん》じております。

妙法《みょうほう》の偉大《いだい》さを次《つぎ》の世代《せだい》へ伝《つた》えゆく、令法久住《りょうぼうくじゅう》の深《ふか》き使命《しめい》を担《にな》う太陽《たいよう》の女性《じょせい》たち一人《ひとり》一人に、私と妻《つま》は満腔《まんこう》の感謝《かんしゃ》を捧《ささ》げるとともに、いやまして健康《けんこう》であれ！　長寿《ちょうじゅ》であれ！　幸福《こうふく》であれ！　と、ひたぶるに祈《いの》り続《つづ》けてまいります。

創春《そうしゅん》の
　幸《さち》と平和《へいわ》の
　　白《しら》ゆりを
　共《とも》に咲《さ》かせや
冬《ふゆ》を勝《か》ち越《こ》え

二〇二〇年三月十六日

池田大作

第三章　輝《かがや》く「ヤング白《しら》ゆり世代《せだい》」のために

装幀・デザイン　地代紀子

一、本書は、『池田大作全集』『新・人間革命』『幸福の太陽』「聖教新聞」「大白蓮華」に収録・掲載された池田大作先生の随筆、巻頭言、長編詩・スピーチ等から『池田大作先生指導集　幸福の花束Ⅲ』として収録したものです。
一、本文については、読みやすくするために、漢字をひらがなにしたものもあります。
一、各編に表記した年月日については、随筆と巻頭言は掲載日・号を、スピーチ・長編詩は会合開催日や執筆された日を記しました。
一、御書の御文は、『新編　日蓮大聖人御書全集』（創価学会版、第二七五刷）、法華経の経文は、『妙法蓮華経並開結』（創価学会版、第二刷）に基づき、（御書〇〇㌻）と（法華経〇〇㌻）と示しました。
一、引用および参照した箇所には、番号を付け、編末に書籍名等を明記しました。
一、編集部による注は（＝　）と記しました。
一、肩書、名称、時節等については、掲載時のままにしています。
※各編の写真は、池田大作先生が折々に撮影されたものなどです。

第一章

随筆・巻頭言

青葉《あおば》輝《かがや》く師弟《してい》の道

「最後は勝つ」が人生の醍醐味《だいごみ》
偉大《いだい》な創価の女性と前へ前へ！

二〇一九年五月十九日

学会家族には、いつも明《あか》るく弾《はず》む歌声《うたごえ》がある。

五月三日を祝賀《しゅくが》する本部幹部会《かんぶかい》では、未来部の友が「母」と「正義の走者《そうしゃ》」の美事《みごと》な合唱《がっしょう》を披露《ひろう》してくれた。全国の同志《どうし》から感動《かんどう》の反響《はんきょう》が、私の元《もと》にも多く届《とど》いている。

後継《こうけい》の若《わか》く尊《とうと》き宝樹《ほうじゅ》が「従藍而青《じゅうらんにしょう》」の冴《さ》え光《ひか》る命《いのち》で、大成長《だいせいちょう》の青葉若葉《あおばわかば》を茂《しげ》らせてくれており、なんと嬉《うれ》しいことか！

ふと、芭蕉《ばしょう》の名句《めいく》が思い浮《う》かぶ。

「あらたふと　青葉若葉《あおばわかば》の　日《ひ》の光《ひかり》」(1)

江戸時代《えどじだい》、千住《せんじゅ》（今の足立区《あだちく》・荒川区《あらかわく》を結《むす》ぶ地域）を旅立《たびだ》った芭蕉《ばしょう》が、草加《そうか》を経《へ》て東北へ向《む》かう途上《とじょう》、日光《にっこう》で詠《よ》んだ句《く》だ。元禄《げんろく》二年（一六八九年）、ちょうど三百三十年前のその日は、太陽暦《たいようれき》で五月十九日であった。

今年もこの季節《きせつ》に、「うつくしまフェニックスグループ」の宝友《ほうゆう》たちが総本部へ集《つど》ってくれた。原発事故《げんぱつじこ》等の影響《えいきょう》で福島県内外に避難《ひなん》された方々《かたがた》が、いずこにあっても「負《ま》げでたまっか！」と励《はげ》まし合い、不死鳥《フェニックス》の心《こころ》で希望と福徳《ふくとく》の輝《かがや》きを放《はな》たれている。

笑《わら》いあり涙《なみだ》ありの大会では、東北の歌「青葉《あおば》の誓《ちか》い」を大合唱《だいがっしょう》されたことも、胸《むね》に熱《あつ》く伺《うかが》った。

*

1992年6月　ドイツ

二十五年前の五月、私は青葉光《あおばひか》るモスクワにいた。モスクワ大学では二度目の講演《こうえん》を行った後《あと》、サドーヴニチィ総長《そうちょう》にご案内《あんない》いただき、構内《こうない》の植物園《しょくぶつえん》で「白樺《しらかば》」の苗木《なえぎ》を植樹《しょくじゅ》した思い出が蘇《よみがえ》る。

妻は「日本の〝白樺《しらかば》〟（看護者《かんごしゃ》の集《つど》い）の皆さんも喜《よろこ》んでくださいますね」と微笑《ほほえ》んでいた。

四半世紀の歳月《さいげつ》を重《かさ》ね、白樺《しらかば》の若《わか》木《ぎ》は見上げるように大きく育《そだ》った。総長《そうちょう》は、モスクワ大学の卒業式でも、この〝友情《ゆうじょう》の大樹《たいじゅ》〟のことを紹《しょう》介《かい》してくださったそうだ。

大地《だいち》に深《ふか》く、広く根を張《は》った大樹《たいじゅ》は強《つよ》い。その木と木が森をなすように、未来を開《ひら》く世界市民《せかいしみん》の青葉《あおば》の森を創《つく》りゆくのが、創価の平和《へいわ》運動だ。

とくに、青年たちに励《はげ》ましの慈光《じこう》を惜《お》しみなく贈《おく》ってくれるのが、各地の婦人部の皆様である。母たちの周《まわ》りには、なんと多くの温《あたた》かな友情《ゆうじょう》の輪《わ》、幸福の笑顔《えがお》の輪が広がっていることか。

恩師《おんし》・戸田城聖《じょうせい》先生のもとで女子部の華陽会《かようかい》が学んだ『小公子《しょうこうし》』には、「この世《よ》に、あたたかい心《こころ》ほど力《ちから》づよいものがあるでしょうか」(2)とある。

作者のバーネットは、自身の作品には「ハッピーエンディング」(3)を選《えら》ぶと断言《だんげん》した。なぜなら、「すべての人の人生にはじっさいに、目をみはるほどの幸福が数多くあるのですから」(3)と――。

人生の劇《げき》にどんな波乱《はらん》があろうとも、最後は必《かなら》ず勝つ。皆を勝たせて、〝自他《じた》共《とも》にハッピーエンディング〟を飾《かざ》る。これこそ、妙法《みょうほう》の女性がヒロインとなる人間革命の舞《まい》の醍醐味《だいごみ》ではないか。

*

私が若《わか》き日の苦闘時代《くとうじだい》を過《す》ごしたアパートの名も「青葉荘《あおばそう》」であった。故郷《こきょう》・大田区《おおたく》の大森《おおもり》にあり、七十年前の一九四九年（昭和二十四年）五月から三年間暮《く》らした。

小さな小さな青春の城《しろ》で、私は近隣《きんりん》の方々《かたがた》と清々《すがすが》しい挨拶《あいさつ》を重《かさ》ね、誠実《せいじつ》に親交《しんこう》を深《ふか》めていった。私の部屋で座談会を行《おこな》い、隣近所《となりきんじょ》にも声《こえ》をかけた。やがて信心する人も生まれていった。

「二月闘争《とうそう》」の時には、「友人の折伏《しゃくぶく》にぜひ」と急《きゅう》に呼《よ》ばれ、「よし、行きましょう！」と婦人部の応援《おうえん》に勇《いさ》んで飛び出したこともあった。

大阪支部の初代《しょだい》支部長となった白木義一郎《しらきぎいちろう》さんが青葉荘《あおばそう》に訪《たず》ねてこられたことも思い出深《ぶか》い。

プロ野球の名投手《めいとうしゅ》だった彼が、突然《とつぜん》、大阪の球団《きゅうだん》への移籍《いせき》を通告《つうこく》されて悩《なや》み、相談《そうだん》に来たのだ。

私は彼の話を聞《き》きながら、一気《いっき》に広宣流布《こうせんるふ》の展望《てんぼう》が開《ひら》ける思いがした。

「この大阪行きは御仏意《ごぶっち》だよ！　大阪に一大拠点《いちだいきょてん》を築《きず》き、関西、いな西日本に広布《こうふ》の大潮流《だいちょうりゅう》を起《お》こし、戸田先生の願業《がんぎょう》の七十五万世帯達成《せたいたっせい》への起爆剤《きばくざい》になろう！」

師弟《してい》勝利、民衆《みんしゅう》勝利の波《なみ》を大阪、兵庫《ひょうご》など全関西、全中国、全四国へ、そして福岡など全九州へ——夢は尽《つ》きなかった。

世界《せかい》の友が仰《あお》ぎ見る常勝《じょうしょう》大関西の源流《げんりゅう》も、試練《しれん》をむしろ好機《こうき》に転《てん》じゆく若《わか》き大《だい》胆《たん》な語らいから始《はじ》まったといえようか。

＊

「青葉茂《あおばしげ》れる桜井《さくらい》の」(4)——戸田先生に幾《いく》たびもお聞《き》かせした〝大楠公《だいなんこう》〟の歌は、今の大阪・島本町《しまもとちょう》桜井が舞台《ぶたい》とされる。

「父は兵庫《ひょうご》に赴《おもむ》かん」と湊川《みなとがわ》の決戦《けっせん》に臨《のぞ》む父・楠木正成《くすのきまさしげ》は、「御供仕《おんともつか》えん」と申し出た長子《ちょうし》・正行《まさつら》を制《せい》した。

『太平記《たいへいき》』では、正成《まさしげ》は、獅子《しし》が敢《あ》えて子を断崖《だんがい》から突《つ》き落《お》として鍛《きた》えるという故事《こじ》を通《とお》し、正行《まさつら》を厳《きび》しく誡《いまし》める。

わが後継《こうけい》として苦難《くなん》の道を歩み、「早く生《お》い立《た》ち」、世《よ》のため人のために戦《たたか》えと願《ねが》ったのだ。

この父子《ちこ》の語らいは、母子《ははこ》に引《ひ》き継《つ》がれる。

父の死《し》を悲嘆《ひたん》して後《あと》を追《お》おうとする正行《まさつら》を、母は毅然《きぜん》と叱咤《しった》した。

「父が兵庫《ひょうご》へ向《む》かひし時、汝《なんじ》を返し留《とど》めし事《こと》」(5)の意味《いみ》を忘《わす》れたのか——時を待《ま》ち力《ちから》を付《つ》け、やがて仇《あだ》を討《う》ち、「孝行《こうこう》の道」(5)を貫《つらぬ》くためではないかと母は諭《さと》したのである。

作家の大佛次郎《おさらぎじろう》は、この母に鋭《するど》く光《ひかり》を当《あ》てた。

「(=母は)泣《な》きもせぬ。歎《なげ》きもせぬ。ただ、この子を父親と同じものに引上《ひきあ》げる。心《こころ》からの、その祈《いの》りであった」(6)と。

母の決定《けつじょう》した祈《いの》りに勝《まさ》るものはないのだ。

私は忘《わす》れない。あの「大阪事件」の直後《ちょくご》に、兵庫広布《ひょうごこうふ》・関西広布の草創《そうそう》の母が語った一言を。

「私は、一生涯《いっしょうがい》の覚悟《かくご》を新《あら》たにしました。戦《たたか》いは、絶対に勝たな、あきまへん。断《だん》じて負《ま》けたらあかん!」と。

この「常勝《じょうしょう》の母たち」の強《つよ》き一念《いちねん》の脈動《みゃくどう》ありて、何ものにも崩《くず》されぬ錦州城《きんしゅうじょう》が築《きず》かれたのだ。

どんなに悔《くや》しくとも、苦《くる》しくとも、「いまだこりず候《そうろう》」(御書一〇五六ジペー)との御《ご》聖訓《せいくん》のまま、恩師《おんし》から託《たく》された「立正安国《りっしょうあんこく》」即《そく》「福運安穏《ふくうんあんのん》」の大闘争《だいとうそう》に母たちは挑《いど》み続《つづ》けてくれている。

この不撓不屈《ふとうふくつ》の挑戦《ちょうせん》によって耕《たがや》された母なる大地《だいち》から、二陣《じん》三陣と地涌《じゆ》の人華《にんげ》が育《そだ》ち、「仏法即社会《ぶっぽうそくしゃかい》」の豊《ゆた》かな貢献《こうけん》の果実《かじつ》が幾重《いくえ》にももたらされているではないか。

堅塁《けんるい》・中部の母たちが万葉《まんよう》の緑《みどり》の中、誇《ほこ》り高《たか》く師弟《してい》の絆《きずな》を「今日《きょう》も元気で」の歌に託《たく》して歌ってくれた歴史《れきし》も鮮《あざ》やかだ。

また「生《お》い立《た》て君よ」と〝大楠公《だいなんこう》〟の心《こころ》を込《こ》めた、愛唱歌《あいしょうか》「火《ひ》の国『青葉《あおば》の誓《ちか》い』」を、先駆《せんく》・九州の若人《わこうど》と共《とも》に、長崎の地で作ったことも懐《なつ》かしい。

＊

青葉《あおば》の五月は、恩師《おんし》が第二代会長《だいにだいかいちょう》に就任《しゅうにん》して直《ただ》ちに学会常住《じょうじゅう》の御本尊を発願《ほつがん》された月《つき》でもある。

御本仏《ごほんぶつ》・日蓮大聖人は「大願《だいがん》とは法華弘通《ほっけぐつう》なり」（御書七三六ジペー）と仰《おお》せになられ、「法華弘通のはた旌じるし」（御書一二四三ジペー）として御本尊を御図顕《ごずけん》された。

この御本仏《ごほんぶつ》のお心《こころ》そのものである「大法弘通慈折広宣流布大願成就《だいほうぐつうじしゃくこうせんるふだいがんじょうじゅ》」とお認《したた》めの常住御本尊《じょうじゅうごほんぞん》を大誓堂《だいせいどう》に御安置《ごあんち》してより六年――。全世界《ぜんせかい》の地涌《じゆ》の大前進は、いよいよ威光勢力《いこうせいりょく》を増《ま》している。

「此《こ》の御本尊全《まった》く余所《よそ》に求《もとむ》る事《こと》なかれ・只我《ただわ》れ等衆生《らしゅじょう》の法華経《ほけきょう》を持《たも》ちて南無妙《なんみょう》

法蓮華経《ほうれんげきょう》と唱《とな》うる胸中《きょうちゅう》の肉団《にくだん》におはしますなり」、「此の御本尊も只《ただ》信心の二字にをさまれり以信得入《いしんとくにゅう》とは是《これ》なり」（御書一二四四ジペー）——。

この御聖訓《ごせいくん》は、その名も日女御前《にちにょごぜん》という女性門下《もんか》に送られた。「日女」とは、まさに太陽の女性という意義《いぎ》であり、その生命《せいめい》の光彩《こうさい》は、わが「太陽の婦人部・女子部」に受《う》け継《つ》がれている。

御本尊の無量無辺《むりょうむへん》なる大功力《だいくりき》を涌現《ゆげん》するのは、創価の女性の最《もっと》も強盛《ごうじょう》な信心である。「祈《いの》りからすべては始《はじ》まる」のだ。

＊

モスクワ大学の講演《こうえん》で私は「妙《みょう》の三義《さんぎ》」を敷衍《ふえん》して申《もう》し上《あ》げた。

この「妙《みょう》の三義《さんぎ》」も、女性門下《もんか》への「法華経題目抄《ほけきょうだいもくしょう》」で明《あ》かされた法門《ほうもん》である。

すなわち——

「妙《みょう》と申《もう》す事《こと》は開《かい》と云《い》う事なり」（御書九四三ジペー）

「妙《みょう》とは具《ぐ》の義《ぎ》なり具とは円満《えんまん》の義なり」（御書九四四ジペー）

「妙《みょう》とは蘇生《そせい》の義なり蘇生と申すはよみがへる義なり」（御書九四七ジペー）

あらゆる人の仏《ほとけ》の生命《せいめい》を開《ひら》き、自他共《じたとも》に幸福を勝ち広げる勇気！

どんな局面《きょくめん》も聡明《そうめい》に包《つつ》み込《こ》んで、調和《ちょうわ》と和楽《わらく》を創《つく》り出《だ》す智慧《ちえ》！

いかなる宿命《しゅくめい》も使命《しめい》に転《てん》じ、喜《よろこ》びあふれる蘇生《そせい》へと導《みちび》く慈悲《じひ》！

妙法《みょうほう》の真髄《しんずい》の力《ちから》を生き生きと発揮《はっき》しながら、あの友もこの友も、あの地もこの地も、笑顔《えがお》で照《て》らし晴《は》らしゆくのが、創価の女性たちの立正安国《りっしょうあんこく》の対話ではないだろうか。

この〝婦女一体《ふじょいったい》〟の連帯《れんたい》で、栄光《えいこう》勝利の未来の鐘《かね》を打ち鳴《な》らすのだ。

今月、アメリカ・ルネサンスの大詩人《だいしじん》ホイットマンは生誕《せいたん》二百年の日を迎《むか》える。ゆかりの地には、このほど新宝城《しんほうじょう》ブルックリン会館も誕生《たんじょう》した。

彼は恐《おそ》れなき開拓者《かいたくしゃ》を讃《たた》えた詩《し》で叫《さけ》んだ。

「旗《はた》じるしには力《ちから》づよき母を掲《かか》げよ、
そのたおやかな女性《ひと》の姿《すがた》を振《ふ》りかざせ、万人の頭上《ずじょう》に高《たか》く星《ほし》さながらに輝《かがや》く姿

を、〈一同のこらず頭《こうべ》を垂《た》れよ〉」(7)

創価の民衆《みんしゅう》スクラムは、尊《とうと》き母たち女性たちの旗印《はたじるし》のもと、希望の人間世紀へ前進する。

御書には「音の哀楽《あいらく》を以《もっ》て国の盛衰《せいすい》を知《し》る」(八八ジペー)と仰《おお》せである。

我《われ》ら学会家族は、歓喜《かんき》の歌声《うたごえ》と対話を、さらに明《あか》るく仲良く賑《にぎ》やかに響《ひび》かせながら、誓願《せいがん》の国土《こくど》に福運安穏《ふくうんあんのん》の青葉《あおば》を勝ち茂《しげ》らせようではないか!

(1) 芭蕉著『おくのほそ道』杉浦正一郎校注、岩波書店
(2) バーネット著『小公子』坂崎麻子訳、偕成社
(3) 同前、訳者解説から
(4) 落合直文 作詞
(5)『太平記(三)』兵藤裕己校注、岩波書店
(6) 大佛次郎著『大楠公　楠木正成』徳間書店
(7) ホイットマン著『草の葉(中)』酒本雅之訳、岩波書店
※(1)については、編集部で体裁を整えた。

師弟凱歌《していがいか》の言論城《げんろんじょう》

正義の師子吼《ししく》で民衆《みんしゅう》に希望の光《ひかり》を！

世界《せかい》聖教会館と共《とも》に 対話の王者《おうじゃ》と勇《いさ》み立《た》て

二〇一九年十月三日

清々《すがすが》しい青空が広がる九月二十八日の午前、「世界《せかい》聖教会館」の真新《まあたら》しい館内《かんない》に足を運《はこ》んだ。

礼拝室《らいはいしつ》の言論《げんろん》会館で勤行《ごんぎょう》・唱題《しょうだい》を行《おこな》い、深《ふか》く強《つよ》く誓願《せいがん》の祈《いの》りを捧《ささ》げた。

いよいよ、この新《あたら》しき師弟《してい》の言論城《げんろんじょう》から、世界広宣流布《せかいこうせんるふ》の新しき波《なみ》を起《お》こすのだ！

人間主義《しゅぎ》と生命尊厳《せいめいそんげん》の旗《はた》を掲《かか》げて、「希望の光《ひかり》」「常楽《じょうらく》の光」「平和《へいわ》の光」を広げゆくのだ！

そして、日本と世界《せかい》の読者《どくしゃ》をはじめ、聖教につながる一切《いっさい》の方々《かたがた》が、健康で幸福であるように！

なかんずく、日々《ひび》、我《われ》らの聖教を配達《はいたつ》してくださっている〝無冠《むかん》の友〟が、どうか、絶対に無事故《むじこ》であるように！　と真剣《しんけん》に題目を送《おく》った。

図書資料室《としょしりょうしつ》では、聖教新聞の爽《さわ》やかなコマーシャルも拝見《はいけん》した。ここでは、世《せ》界《かい》各国の機関紙《きかんし》・誌《し》や日本及《およ》び海外の出版物が閲覧《えつらん》できる。

電子版《でんしばん》の「セイキョウオンライン」には、実《じつ》に百九十八カ国・地域からアクセスがあるという。

「日本中、世界中《せかいじゅう》の人に読《よ》ませたい」と言われていた戸田先生が、どれほど喜《よろこ》ばれるか。

第二代会長就任《だいにだいかいちょうしゅうにん》を目前《もくぜん》に、先陣切《せんじんき》って創刊《そうかん》された聖教新聞は当初《とうしょ》、新宿・百人《ひゃくにん》町《ちょう》にあった先生の事務所で制作《せいさく》され、作業場《さぎょうば》は間《ま》もなく市ヶ谷のビルに移《うつ》った。

2019年９月　東京・信濃町

狭《せま》い狭い編集室《へんしゅうしつ》で、先生を囲《かこ》んで新聞を作った日々《ひび》——苦しくも楽しき歩《あゆ》みを思い起《お》こしながら、妻《つま》と感慨《かんがい》深《ぶか》く語り合った。

＊

この九月二十八日は、実《じつ》は一九七〇年（昭和四十五年）に、これまでの聖教新聞本社屋《ほんしゃおく》の落成式《らくせいしき》が行《おこな》われた日でもあった。奇《く》しくも、あれから五十年目となる。

あの当時《とうじ》、いわゆる「言論問題《げんろんもんだい》」が惹起《じゃっき》し、学会は無理解《むりかい》の非難《ひなん》にも晒《さら》されていた。その中で完成《かんせい》した聖教本社屋《ほんしゃおく》は、烈風《れっぷう》に向《む》かって敢然《かんぜん》と聳《そび》え立《た》つ新生《しんせい》の城《しろ》であった。

落成式《らくせいしき》の折《おり》、私は申《もう》し上《あ》げた。

「心《こころ》も一新《いっしん》して出発《しゅっぱつ》しよう。日々《ひび》、自分の惰性《だせい》を打《う》ち破《やぶ》っていくことが、良い新聞をつくる最大《さいだい》の要件《ようけん》だ。一日一日が戦《たたか》いだよ……前進、前進、前進なんだ」

半世紀を経《へ》た今、再《ふたた》び新《あら》たな人間革命の心《こころ》で、新たな前進の「希望」と新たな前進の「勇気」を送《おく》っていきたい。

＊

世界《せかい》聖教会館の一階入り口に設置《せっち》された「師弟凱歌《していがいか》の碑《ひ》」に私は記《しる》した。

「立正安国《りっしょうあんこく》と世界広布《せかいこうふ》の大言論城《だいげんろんじょう》たる此《こ》の地から、永久《えいきゅう》に師弟共戦《していきょうせん》の師子吼《ししく》が放《はな》ちゆかれることを信ずるものである」

「師子吼《ししく》」といえば、法華経《ほけきょう》の勧持品《かんじほん》では、釈尊《しゃくそん》の御前《ごぜん》に勢揃《せいぞろ》いした弟子《でし》たちが、「師子吼を作《な》して、誓言《せいごん》を発《おこ》さく」（法華経四一七ジ゙ー）と説《と》かれる。

すなわち、仏滅後《ぶつめつご》の悪世《あくせ》にあって、十方世界《じっぽうせかい》を舞台《ぶたい》に法華経《ほけきょう》を弘通《ぐつう》することを力強《ちからづよ》く誓願《せいがん》した、弟子《でし》たちの誓《ちか》いの言葉を「師子吼《ししく》」と表現《ひょうげん》されているのだ。

御本仏《ごほんぶつ》・日蓮大聖人は、この深義《じんぎ》を御義口伝《おんぎくでん》で「師《し》とは師匠《ししょう》授《さず》くる所《ところ》の妙法《みょうほう》子《し》とは弟子《でし》受《う》くる所の妙法・吼《く》とは師弟共《していとも》に唱《とな》うる所の音声《おんじょう》なり」（御書七四八ジ《ペー》）と教《おし》えてくださった。

「師子吼《ししく》」とは、師弟不二《していふに》の心《こころ》で妙法《みょうほう》を唱《とな》え、「正義」を叫《さけ》び切《き》っていくことに他《ほか》ならない。

勧持品《かんじほん》で、弟子《でし》たちが師子吼《ししく》して示《しめ》したことは何であったか。「三類《さんるい》の強敵《ごうてき》」の迫害《はくがい》に屈《くっ》せず、不惜身命《ふしゃくしんみょう》で戦《たたか》い抜《ぬ》いてみせる、との誓願《せいがん》である。

青年部の友が今回の教学試験で研鑽《けんさん》した通《とお》り、
三類《さんるい》の強敵《ごうてき》とは——

第一に俗衆《ぞくしゅ》による悪口罵詈等《あっくめりとう》の迫害《はくがい》である。

第二に傲慢《ごうまん》で邪智《じゃち》の僧侶《そうりょ》らによる迫害《はくがい》である。

そして第三に、世《よ》の尊敬《そんけい》を集《あつ》める高僧《こうそう》を装《よそお》い、権力者《けんりょくしゃ》と結託《けったく》した僭聖増上慢《せんしょうぞうじょうまん》による迫害《はくがい》である。

大聖人直結《ちょっけつ》の我《われ》ら創価の師弟《してい》は、僭聖増上慢《せんしょうぞうじょうまん》をも駆《か》り出し、異体同心《いたいどうしん》で「三類《さんるい》の強敵《ごうてき》」と決然《けつぜん》と戦《たたか》い続《つづ》けてきた。

それは、聖教新聞を正義の宝剣《ほうけん》として、一人《ひとり》ひとりが勇敢《ゆうかん》に忍耐強《にんたいづよ》く貫《つらぬ》き通《とお》す大言論戦《だいげんろんせん》である。

我《われ》らは、断固《だんこ》として勝ちに勝った。晴《は》ればれと「破邪顕正《はじゃけんせい》」の勝《か》ち鬨《どき》をあげた。百九十二カ国・地域の平和《へいわ》・文化・教育《きょういく》の連帯《れんたい》は、いよいよ威光勢力《いこうせいりょく》を増《ま》している。これこそ、歴史《れきし》に永遠《えいえん》に輝《かがや》く民衆仏法《みんしゅうぶっぽう》の凱歌《がいか》である。

不思議《ふしぎ》にも、今この時、世界《せかい》聖教会館が誕生《たんじょう》したことは、御本仏《ごほんぶつ》が創価の師弟《してい》を御照覧《ごしょうらん》くださり、讃嘆《さんたん》してくださっている、何よりの証《あか》しなりと確信《かくしん》するものである。

我《われ》らの言論城《げんろんじょう》は、永久《えいきゅう》に師弟共戦《していきょうせん》の「師子吼《ししく》の大城《だいじょう》」だ。

「各各《おのおの》師子王《ししおう》の心《こころ》を取《と》り出《いだ》して・いかに人をどすともをづる事《こと》なかれ」「彼等《かれら》は

野干《やかん》のほうるなり日蓮が一門《いちもん》は師子《しし》の吼《ほう》るなり」（御書一一九〇㌻）

どこまでも、この御金言通《ごきんげんどお》り、この世で最《もっと》も強《つよ》き「師子吼《ししく》」を轟《とどろ》かせ、人生と社会のいかなる悲嘆《ひたん》も絶望《ぜつぼう》も吹《ふ》き飛《と》ばし、共《とも》に勝ち進みゆくのだ。

＊

世界《せかい》聖教会館から、間近《まぢか》に輝《かがや》き見える世界女性会館をカメラに収《おさ》めた。

二〇〇〇年の九月に開館《かいかん》して以来《いらい》、「女性の世紀」の宝城《ほうじょう》として、世界《せかい》の宝友《ほうゆう》を迎《むか》えている。

近隣《きんりん》にお住まいで、ウクライナの駐日《ちゅうにち》大使だったコステンコ氏と、詩人《しじん》として名高《なだか》いリュドミラ夫人は、この女性会館を「心美《こころうつく》しい人、幸福な人が集《つど》う王国《おうこく》」と形容《けいよう》された。

しかも、来館者《らいかんしゃ》を「会館に入る時以上に、出てくる姿《すがた》は、もっと美《うつく》しい」と讃《たた》えてくださった。

これこそ、「蘭室《らんしつ》の交《まじ》わり」を広げる創価の城《しろ》の福徳《ふくとく》の力《ちから》なのである。

折《お》りしも九月二十八日は一九七五年（昭和五十年）に、当時《とうじ》の女子部の「青春会」が発足《ほっそく》して四十五年目の日であり、世界《せかい》女性会館では結成《けっせい》記念の会合が行《おこな》われた。

「一生涯《いっしょうがい》、題目と広布《こうふ》」との誓《ちか》いのままに、仲良く励《はげ》まし合いながら走《はし》り抜《ぬ》いて、世界《せかい》の華陽《かよう》姉妹の道を開《ひら》いてくれた模範《もはん》のスクラムである。

皆の元気な近況《きんきょう》を妻からうれしく聞《き》きながら、「年は・わかうなり福《ふく》はかさなり候《そうろう》べし」（御書一一三五ジペー）との実証《じっしょう》を、ますます朗《ほが》らかに、と題目を送《おく》った。

*

「諌暁八幡抄《かんぎょうはちまんしょう》」には、仰《おお》せである。

「月は西より東に向《むか》へり月氏《がっし》の仏法《ぶっぽう》の東へ流《なが》るべき相《そう》なり、日《ひ》は東より出《い》づ日本の仏法の月氏へかへるべき瑞相《ずいそう》なり」（御書五八八～五八九ジペー）

大聖人が願《ねが》われた、「仏法西還《ぶっぽうせいかん》」「一閻浮提広宣流布《いちえんぶだいこうせんるふ》」を現実《げんじつ》のものとしたのは、創価学会である。

日興上人《にっこうしょうにん》の指南《しなん》を伝《つた》える「五人所破抄《ごにんしょはしょう》」に、「本朝《ほんちょう》の聖語《せいご》も広宣《こうせん》の日は亦《また》仮字《かな》を訳《やく》して梵震《ぼんしん》に通《つう》ず可《べ》し」（御書一六一三ジペー）と説《と》かれる如《ごと》く、文字・言論《げんろん》が具《そな》える普遍《ふへん》の力《ちから》で、あらゆる壁《かべ》を越《こ》えて、今やこの地球上《ちきゅうじょう》に、日蓮仏法《ぶっぽう》の大光《たいこう》が届《とど》かない所《ところ》はない。

先日は、学会代表団、青年文化訪印団《ほういんだん》が、仏教発祥《ぶっきょうはっしょう》のインドに赴《おもむ》いた。

ニューデリーにはインド創価学会（ＢＳＧ）の新「本部」が落成《らくせい》、首都近郊《しゅときんこう》にある創価菩提樹園《ぼだいじゅえん》には「講堂《こうどう》」の誕生《たんじょう》……わが地涌《じゆ》の同志《どうし》の歓喜《かんき》がはじける、誠《まこと》に晴《は》れがましい慶事《けいじ》が続《つづ》いた。

一九七九年（昭和五十四年）二月、私がインドを訪《おとず》れた折《おり》、メンバーは百人にも満《み》たなかった。しかし私は〝ガンジスの大河《たいが》も一滴《いってき》から〟と、尊《とうと》き使命《しめい》の友を励《はげ》ました。

ここから我《わ》が同志《どうし》は、勇気ほとばしる息吹《いぶき》で、悠久《ゆうきゅう》の大地《だいち》に幸福と友情《ゆうじょう》と信頼《しんらい》という妙法《みょうほう》の種《たね》を蒔《ま》き続《つづ》け、この四十年で、二十二万人を超《こ》える偉大《いだい》な地涌《じゆ》の人《にん》華《げ》と咲《さ》き誇《ほこ》っているのである。

微笑《ほほえ》みの王国《おうこく》・タイの広布《こうふ》の大発展《だいはってん》も目覚《めざ》ましい。明年（＝二〇二〇年）には、待望《たいぼう》の研修《けんしゅう》センターが完成《かんせい》する。

毎日、インド、タイからの報告《ほうこく》を伺《うかが》い、眩《まばゆ》いばかりの友の笑顔《えがお》を聖教紙上《しじょう》で拝《はい》見《けん》しながら、何度も何度も万歳《ばんざい》を叫《さけ》び、喝采《かっさい》を送《おく》る思いであった。

「諫暁八幡抄《かんぎょうはちまんしょう》」には、さらにこう仰《おお》せである。

「月は光《ひかり》あきらかならず在世《ざいせ》は但《ただ》八年なり、日は光明《こうみょう》・月に勝《まさ》れり五五百歳《ごごひゃくさい》の長き闇《やみ》を照《てら》すべき瑞相《ずいそう》なり」（御書五八九ジペー）

広宣流布《こうせんるふ》は、世界《せかい》へという「横《よこ》の広がり」とともに、世代《せだい》から世代への「縦《たて》のつながり」によって織《お》りなす大絵巻《だいえまき》だ。

世代《せだい》を重《かさ》ねるごとに、いよいよ力《ちから》ある「従藍而青《じゅうらんにしょう》」の人材《じんざい》を育成《いくせい》する。これが、末法万年尽未来際《まっぽうまんねんじんみらいさい》の「令法久住《りょうぼうくじゅう》」を開《ひら》く大道《だいどう》である。

＊

思えば、戸田先生が「城聖《じょうせい》」とのお名前を、初《はじ》めて記《しる》されたのは、法難《ほうなん》の獄中《ごくちゅう》であった。

恩師《おんし》は、殉教《じゅんきょう》の師《し》・牧口常三郎《つねさぶろう》先生の分身《ぶんしん》として出獄《しゅつごく》され、民衆《みんしゅう》を守《まも》り抜《ぬ》く「正義の城《しろ》」「人材《じんざい》の城」「平和《へいわ》の城」を、厳然《げんぜん》と築《きず》かれたのである。

今も、先生の声《こえ》が聞《き》こえるようだ。

「私は城聖《じょうせい》、君《きみ》は大作《だいさく》だ。一緒《いっしょ》に、偉大《いだい》な『創価の大城《だいじょう》』を作ろうではないか！」

聖教の「聖《せい》」の文字は、わが城聖《じょうせい》先生の「聖」に通《つう》じ、そして「耳《みみ》」と「口《くち》」の「王《おう》」と書く。恩師《おんし》さながらに「対話の王者《おうじゃ》」「言論《げんろん》の王者」たれとの意義《いぎ》と、私は命《いのち》に刻《きざ》んできた。

世界《せかい》聖教会館は、その正面《しょうめん》を東天《とうてん》に向《む》けて聳《そび》え立《た》つ。まさに昇《のぼ》りゆく旭日《きょくじつ》と共《とも》に輝《かがや》き光《ひか》る大城《だいじょう》であるといってよい。

この「太陽の言論城《げんろんじょう》」を仰《あお》ぎつつ、いやまして勇気と励《はげ》ましの語らいを、わが地域へ、世界《せかい》へ明《あか》るく広げ、共々《ともども》に「平和《へいわ》の地球《ちきゅう》」を照《て》らしゆこうではないか！

創価の女性は たゆまぬ太陽なり

「大白蓮華」二〇一七年四月号

生きとし生けるものに春の喜《よろこ》びが訪《おとず》れるのも、たゆまぬ太陽の燃焼《ねんしょう》があるからである。

御書には、「太陽が東の空に昇《のぼ》れば、天の空は、すべて明《あか》るくなる。『大光《たいこう》』を備《そな》えているからである」（御書八八三ジペー、趣意《しゅい》）と記《しる》されている。

我《われ》ら学会の喜《よろこ》びは、どんな時も中心《ちゅうしん》に、たゆまぬ太陽の婦人部の信心が燃《も》え上《あ》がっていることだ。

日蓮大聖人は、打《う》ち続《つづ》く大難《だいなん》の中で、人がどうあれ、毅然《きぜん》と信心を貫《つらぬ》き通《とお》していた女性門下《もんか》たちを、「教主釈尊《きょうしゅしゃくそん》の各《おのおの》の御心《みこころ》に入《い》り替《かわ》らせ給《たも》うかと思へば感涙《かんるい》押《おさ》え難《がた》し」（御書一一二六㌻）と絶讃《ぜっさん》なされた。

この御文《ごもん》は、そのまま、わが創価の母たち、女性たちへの御照覧《ごしょうらん》であるに違《ちが》いない。

雨が降《ふ》ろうが雪が降ろうが、毎朝必《かなら》ず太陽は昇《のぼ》る。雲を突《つ》き抜《ぬ》ければ、そこに悠然《ゆうぜん》と輝《かがや》き渡《わた》っている。

何があっても変《か》わらない、この太陽と共《とも》に、私たちも、わが使命《しめい》の軌道《きどう》を揺《ゆ》るがず進《すす》んでいきたい。「太陽の仏法《ぶっぽう》」の信仰《しんこう》は、その最強《さいきょう》の原動力《げんどうりょく》である。

日々《ひび》の生活は慌《あわ》ただしい。何やかやと目《め》まぐるしく課題《かだい》に追《お》われ、振《ふ》り回《まわ》されるのが、現実《げんじつ》の日常《にちじょう》だ。年齢《ねんれい》につれ、老《お》いや病《やまい》の悩《なや》みにも切実《せつじつ》に直面《ちょくめん》する。

さらに社会には「利《うるおい》・衰《おとろえ》・毀《やぶれ》・誉《ほまれ》・称《たたえ》・譏《そしり》・苦《くるしみ》・楽《たのしみ》」（御書一一五一㌻）という「八風《はっぷう》」が吹《ふ》き荒《あ》れている。

だからこそ、負《ま》けじ魂《だましい》の賢者《けんじゃ》の信心が光《ひか》る。「人の心《こころ》かたければ神《かみ》のまほり必《かなら》ずつよし」（御書一二二〇㌻）と仰《おお》せの如《ごと》く、不動《ふどう》の信心が諸天《しょてん》をも動かすのだ。

2019年8月　長野

南条時光《なんじょうときみつ》のお母さんも、最愛《さいあい》の夫《おっと》や子息《しそく》との死別《しべつ》、さらに熱原《あつはら》の法難《ほうなん》の迫害《はくがい》など、試練《しれん》の連続《れんぞく》であった。

しかし、大聖人が灯《とも》された希望の大光《たいこう》があった。「この法華経《ほけきょう》を受持《じゅじ》する人は、苦《くる》しみをも打《う》ち返《かえ》して、地獄《じごく》は寂光土《じゃっこうど》となる」（御書一五〇五ジペー、趣意《しゅい》）と。

どんな闇《やみ》も照《て》らし晴《は》らせるのが、妙法《みょうほう》である。

関西のあるリーダーが女子部から婦人部へ移行《いこう》してまもなく、私の妻は励《はげ》ましの一文《いちぶん》を綴《つづ》り贈《おく》った。

「絶対に変化《へんか》してはいけない一念《いちねん》を、種々《しゅじゅ》の変化の中で、益々《ますます》、強《つよ》く築《きず》かれますことを祈《いの》りつつ」と。

どういう変化《へんか》があろうと広宣流布《こうせんるふ》の誓願《せいがん》に生《い》き抜《ぬ》く青春の一念《いちねん》のまま、この母は常勝《じょうしょう》の太陽となって、陸続《りくぞく》と続《つづ》く後輩《こうはい》たちを朗《ほが》らかに照《て》らしてくれている。

恩師《おんし》・戸田城聖《じょうせい》先生は、笑《わら》いながら言われた。

「世間《せけん》には意地悪《いじわる》な顔や、ヤキモチ焼《や》きの悪口《わるくち》が多い。その中で、婦人部・女子部の福運《ふくうん》ある笑顔《えがお》を見給《みたま》え！　清々《すがすが》しい慈愛《じあい》の声《こえ》を聞《き》き給え！」と。

まさに創価の女性のスクラムこそ、地域に社会に歓喜《かんき》と和楽《わらく》と幸福を広げゆく平和《へいわ》の陽光《ようこう》なのだ。

求道《きゅうどう》の女性への御聖訓《ごせいくん》には、「一度妙法蓮華経《ひとたびみょうほうれんげきょう》と唱《とな》うれば」（御書五五七ジペー）と題目の功力《くりき》を明《あ》かされている。すなわち、「一切衆生《いっさいしゅじょう》の心中《しんちゅう》の仏性《ぶっしょう》を唯一音《ただひとこえ》に喚《よ》び顕《あらわ》し奉《たてまつ》る功徳《くどく》・無量無辺《むりょうむへん》なり」（同ジペー）と。

さあ、たゆまぬ題目の音声《おんじょう》を、いよいよ朗々《ろうろう》と響《ひび》かせて、勇気《ゆうき》の対話に打《う》って出《で》ようではないか！
縁《えん》する友の心《こころ》に、希望の太陽を昇《のぼ》らせながら！

負《ま》けないと
誓《ちか》いし慈母《はは》の
笑顔《えがお》から
幸《さち》と勝利の
太陽 昇《のぼ》りぬ

日々《ひび》、「創価の母の日」であれ！

「大白蓮華」二〇一八年五月号

雨《あめ》が降《ふ》ろうが、風《かぜ》が吹《ふ》こうが、太陽は必《かなら》ず昇《のぼ》る。広宣《こうせん》の太陽たる母たちもまた、決《けっ》してたゆまない。

「法華経《ほけきょう》」では、一人《ひとり》のために、たとえ一句《いっく》でも正法《しょうほう》を語れば、それは「如来《にょらい》の事《じ》」、すなわち「仏《ほとけ》の仕事」であると明《あ》かされている。

「御義口伝《おんぎくでん》」では、この仏《ほとけ》の語らいの意義《いぎ》を――

第一に、「柔和忍辱《にゅうわにんにく》」の衣《ころも》を着《き》て行《おこな》われる。

第二に、「不惜身命《ふしゃくしんみょう》」の修行《しゅぎょう》である。

第三に、「母の子を思うが如《ごと》くなり」と、明快《めいかい》に示《しめ》されている。（御書七三七ジペー）

2019年3月　東京

御本仏《ごほんぶつ》の仰《おお》せ通《どお》りに、聡明《そうめい》な忍耐《にんたい》の心《こころ》と恐《おそ》れなき勇気《ゆうき》、そして大《おお》いなる母の慈悲《じひ》で妙法《みょうほう》を弘《ひろ》め、幸《さち》と平和《へいわ》の陽光《ようこう》を放《はな》ってきたのが、偉大《いだい》な婦人部である。

自《みずか》らも言うに言われぬ苦労《くろう》を抱《かか》えながら、悩《なや》める友に題目を送《おく》り、一緒《いっしょ》に勇《いさ》んで乗《の》り越《こ》えゆく創価の母たちの心《こころ》は、「如来《にょらい》の心」そのものである。

気取《きど》らず飾《かざ》らず、ありのままの笑顔《えがお》で皆を励《はげ》まし続《つづ》ける創価の母たちの振《ふ》る舞《ま》いは、まぎれもなく「仏《ほとけ》の振る舞い」ではないか。

婦人部あればこそ、学会家族は明《あか》るく温《あたた》かい。

婦人部あればこそ、広宣流布《こうせんるふ》は限《かぎ》りなく進《すす》む。

婦人部あればこそ、令法久住《りょうぼうくじゅう》は行き詰《づ》まらない。

我《われ》らの元朝《がんちょう》たる五月の三日は「創価学会 母の日」だ。尽《つ》きせぬ感謝を捧《ささ》げゆくとともに、仏《ほとけ》に等《ひと》しい母たち女性たちが無量無辺《むりょうむへん》の福徳《ふくとく》に包《つつ》まれるよう、皆で祈《いの》り、広布《こうふ》の誓願《せいがん》を新《あら》たにする日なのである。

日蓮大聖人は、女性の門下《もんか》たちに繰《く》り返《かえ》し、「常《つね》によりあひて御覧《ごらん》あるべく候《そうろう》」（御書一一一四ジペー）、「同心《どうしん》なれば 此《こ》の文《ふみ》を二人《ふたり》して人によませて・きこしめせ」（御書一三二四ジペー）等と呼《よ》び掛《か》けておられた。

少人数《しょうにんずう》で集《あつ》まり、仏法《ぶっぽう》を学び、行《ぎょう》じ、仏性《ぶっしょう》を輝《かがや》かせ合って前進する――。今《いま》、日本中、世界中《せかいじゅう》で花咲《はなさ》く婦人部のグループをはじめ草の根の語らいは、何と深《ふか》く大聖人のお心《こころ》に連《つら》なった宝《たから》の会座《えざ》であろうか。

「耳《みみ》にふれぬれば 是《これ》を種《たね》として必《かなら》ず仏《ほとけ》になるなり」（御書五五二ペ（ジ））と仰《おお》せの如《ごと》く、幸福の種が広がるのだ。

私の妻も、時間を見つけては懇談《こんだん》や小さな会合に飛《と》び込《こ》んできた。一人《ひとり》ひとり、さまざまな現実《げんじつ》の課題《かだい》から断《だん》じて逃《に》げずに奮闘《ふんとう》する地涌《じゆ》の宝友《ほうゆう》である。

戸田先生の御指導を踏《ふ》まえて、妻が折々《おりおり》に同志《どうし》と語り合ってきたことがある。断崖絶壁《だんがいぜっぺき》に立《た》って〝もう一歩《いっぽ》も退《しりぞ》かない〟と決《き》めて祈《いの》った時から、「宿命《しゅくめい》」は「使命《しめい》」に変《か》わり始《はじ》めるということである。

この「人間革命」の朗《ほが》らかな逆転劇《ぎゃくてんげき》を生《う》み出《だ》していく大地《だいち》が、創価の励《はげ》ましのネットワークだ。誰一人《だれひとり》として孤立《こりつ》させない、仲良《なかよ》く賑《にぎ》やかな女性のスクラムこそ、家庭も地域も社会も蘇生《そせい》させゆくオアシスであろう。世界平和《せかいへいわ》の希望の源泉《げんせん》も、ここにある。

「母の恩《おん》の深《ふか》き事《こと》 大海《たいかい》 還《かえ》って浅《あさ》し」（御書一五二七ペ（ジ））

けなげな母たちを思えば、大海原《おおうなばら》の如《ごと》く大生命力《だいせいめいりょく》が湧《わ》いてくる。我《われ》らは日々《ひび》

「創価の母の日」と決《き》めて、太陽と共《とも》に今日《きょう》も元気に前進だ！

太陽の
母のスクラム
不退《ふたい》なり
常楽《じょうらく》我《が》浄《じょう》と
光風《こうふう》かおらせ

第二章

「四季の励《はげ》まし」より

アフリカ・ベナンの友を激励（2008年9月）

ベネズエラSGIの友を激励（2007年3月）

ネパールの首都カトマンズで後継の友を激励（1995年11月）

フロリダ自然文化センターを初訪問し、未来部と記念撮影（1996年6月　アメリカ）

青年たちの中に飛び込み、励ましを送る（1994年5月　イタリア）

婦人部結成《けっせい》65周年を讃《たた》う

幸福博士の花の冠《かんむり》を あなたに

二〇一六年六月五日

私ども夫婦《ふうふ》の切《せつ》なる願《ねが》い。
それは、
〝あまりにも健気《けなげ》な
創価の女性の皆様方の頭《こうべ》に、
いかなる宝冠《ほうかん》の輝《かがや》きも及《およ》ばぬ
「幸福博士の花の冠《かんむり》」を
被《かぶ》せて差《さ》し上《あ》げたい。

さらにまた、
「絶対勝利の花の冠」を、
「常楽我浄《じょうらくがじょう》の花の冠」を
贈《おく》りたい〟という一点《いってん》である。

世界中《せかいじゅう》から、
母たちを泣《な》かせる悲惨《ひさん》をなくし、

2018年6月　東京

母と子の笑顔《えがお》光《ひか》る
平和《へいわ》な社会を創《つく》る。
この限《かぎ》りなき挑戦《ちょうせん》が
「立正安国《りっしょうあんこく》」である。
一番《いちばん》、苦労《くろう》してきた母たちに、
一番、幸福になってもらうために、
私たちは断《だん》じて
妙法《みょうほう》を弘《ひろ》めゆくのだ。

母の祈《いの》りには、限界《げんかい》がない。
行き詰《づ》まりもない。
臆病《おくびょう》も弱々《よわよわ》しい迷《まよ》いもない。
ひたぶるな祈りの底《そこ》には、

絶望《ぜつぼう》やあきらめを追《お》い払《はら》う
勇気が燃《も》えている。
妙法《みょうほう》の祈りは、
断《だん》じて勝つという誓願《せいがん》だ。
祈ったその時に、
すでに未来の勝利を
深《ふか》く決《けっ》するのである。

母は、一切《いっさい》を育《はぐく》む
創造《そうぞう》と教育《きょういく》の大地《だいち》である。
その大地が、ひとたび動《うご》けば、
すべては変《か》わる。
母が家庭を変える。

母が地域を変える。
母が社会を変える。
母が時代《じだい》を変える。
そして、母が
世界《せかい》を平和《へいわ》へと変えていくのだ!

女性の心《こころ》が世界《せかい》を変《か》える

二〇一八年四月一日

誰《だれ》もが皆、
「母」をもち、「家族」をもち、
「幸福」を求《もと》める同じ人間である。
遠《とお》く離《はな》れた他国《たこく》にあっても、
身近《みぢか》にあっても、同じ人間である。
他者《たしゃ》の苦しみに胸《むね》を痛《いた》める、
同苦《どうく》の心《こころ》。
他者の幸福を願《ねが》う、

やむにやまれぬ祈《いの》りの心。
この女性の心が、
世界《せかい》に友情を広げる
「心の国際化《こくさいか》の時代《じだい》」の扉《とびら》を開《ひら》く。

「女性の世紀」は、
「人権《じんけん》の世紀」である。
では、地球全体《ちきゅうぜんたい》に通《つう》ずる

普遍的《ふへんてき》な人権とは、
どこから始《はじ》まるか?
それは、
家の周《まわ》りの小さな場所《ばしょ》から始まる。
世界地図《せかいちず》には載《の》っていない、
一番身近《みぢか》な「ご近所《きんじょ》」から、
人間の「尊厳《そんげん》」と
「幸福」と「平和《へいわ》」は広がる。

人の心《こころ》を温《あたた》かく包《つつ》みこむ微笑《ほほえ》みは、
決《けっ》してつくられるものではない。
自分を支《ささ》えてくれる人々や
自然《しぜん》に対《たい》して

「ありがとう」と感謝する心、
相手《あいて》を尊敬《そんけい》する心、
そして、生命《せいめい》それ自体《じたい》に対《たい》する
敬虔《けいけん》な心が
微笑《ほほえ》みを生むのだと私は思う。
その意味《いみ》において、
微笑みは、
幸福の結果《けっか》というよりも、
むしろ幸福を生む原因《げんいん》ともいえる。

女性たちの
勇敢《ゆうかん》で誠実《せいじつ》な努力《どりょく》こそが、
社会を変《か》え、歴史《れきし》を変え、

2017年4月　東京

世界《せかい》を変える。
民衆《みんしゅう》の中に分け入《い》って、
人間と人間を結《むす》び合いつつ、
自分の周囲《しゅうい》に
生きる希望の花園《はなぞの》を薫《かお》らせゆく。
ここに、人生の究極《きゅうきょく》の哲学《てつがく》がある。

1・26 SGI発足《ほっそく》45周年
今こそ「対話の選択《せんたく》」を

二〇二〇年一月十九日

平和《へいわ》は
彼方《かなた》にあるのではない。
自分のいるその場所《ばしょ》に、
信頼《しんらい》と友情《ゆうじょう》の世界《せかい》を
築《きず》き上《あ》げるのだ。
その輪《わ》の広がるところに、
世界の平和があるのだ。

一方的《いっぽうてき》に話すのは
対話ではない。
まず、相手《あいて》を尊敬《そんけい》し、
耳《みみ》を傾《かたむ》けることだ。
聞《き》く、話す、また聞く。
その胸襟《きょうきん》を開《ひら》いた応答《おうとう》が
「思い込《こ》み」や「先入観《せんにゅうかん》」という
心《こころ》の壁《かべ》を破《やぶ》っていく。

相手《あいて》も人間、
こちらも人間である。
そこに

なんの差別《さべつ》もないと知《し》れば、
心《こころ》と心が通《かよ》い、信頼《しんらい》が生まれる。

第１回世界平和会議　1975年　グアム

創価学会は、どこまでも、
民衆《みんしゅう》の幸福と
世界《せかい》の平和《へいわ》のために、
現実《げんじつ》社会の変革《へんかく》に
挑戦《ちょうせん》しゆく使命《しめい》を貫《つらぬ》く。
そこに、
「人間のための宗教《しゅうきょう》」の
精髄《せいずい》があるからだ。
それは、
仏教《ぶっきょう》の根本精神《こんぽんせいしん》でもある。
仏教は、本来《ほんらい》、
自分一人《ひとり》が覚《さと》って、
それで満足《まんぞく》して終《お》わる
宗教ではない。
「人々の幸福のために行動《こうどう》する」
――この実践《じっせん》があってこそ、
真《しん》の覚りといえる。

「暴力《ぼうりょく》」か「対話」か――。
世界《せかい》の各地《かくち》では、
今なお熾烈《しれつ》な紛争《ふんそう》が続《つづ》き、
憎悪《ぞうお》と暴力の連鎖《れんさ》が続いている。
だからこそ、
私たちは「対話」を
決《けっ》して手放《てばな》してはならない。
断固《だんこ》たる「対話の選択《せんたく》」こそ、

2011年4月　東京

「平和《へいわ》の選択」となり、
必《かなら》ずや人類《じんるい》の
「生《せい》への選択」に通《つう》じていくと、
私は信じている。

人が人を殺戮《さつりく》することのない、
平和《へいわ》と不戦《ふせん》の世界《せかい》を創《つく》っていく――
それが、私たち創価の悲願《ひがん》だ。
ＳＧＩの使命《しめい》である。

第三章

輝《かがや》く「ヤング白《しら》ゆり世代《せだい》」のために

「池田先生と共《とも》に　新時代《しんじだい》を築《きず》く」より

若々《わかわか》しく福運《ふくうん》に満《み》ちて！

二〇一九年十二月十二日

婦人部の「ヤング白《しら》ゆり世代《せだい》」の誕生《たんじょう》、おめでとう！

日蓮大聖人は、この世代《せだい》の女性たちを、誠《まこと》にこまやかに激励《げきれい》なされていた。

「年は・わかう《若》なり福はかさなり候《そうろう》べし」（御書一一三五ページ）

この御文《ごもん》を賜《たまわ》ったのも、まさに「ヤング白《しら》ゆり世代《せだい》」に当《あ》たる日眼女《にちげんにょ》（四条金《しじょうきん》吾《ご》の妻）である。

若々《わかわか》しく、福運《ふくうん》に満《み》ちた歓喜《かんき》の大行進《だいこうしん》を、皆で応援《おうえん》していきたい。

小説『新・人間革命』に学ぶ

広宣流布《こうせんるふ》の〝盟友《めいゆう》〟

❀第1巻「錦秋《きんしゅう》」より（156㌻10行目～159㌻7行目）

伸一《しんいち》は、第三代会長《だいさんだいかいちょう》として、一閻浮提広布《いちえんぶだいこうふ》への旅立《たびだ》ちをした、この年の五月三日の夜、妻の峯子《みねこ》と語り合ったことを思い出した。

――その日、夜更《よふ》けて自宅《じたく》に帰《かえ》ると、峯子は食事《しょくじ》のしたくをして待《ま》っていた。普段《ふだん》と変《か》わらぬ質素《しっそ》な食卓《しょくたく》であった。

「今日《きょう》は、会長就任《かいちょうしゅうにん》のお祝《いわ》いのお赤飯《せきはん》かと思ったら、いつもと同じだね」

伸一が言うと、峯子は笑《え》みを浮《う》かべながらも、キッパリとした口調《くちょう》で語った。

「今日《きょう》から、わが家《や》には主人はいなくなったと思っています。今日は山本家のお葬式《そうしき》ですから、お赤飯《せきはん》は炊《た》いておりません」

「確《たし》かにそうだね……」

伸一も微笑《ほほえ》んだ。妻の健気《けなげ》な言葉を聞《き》き、彼《かれ》は一瞬《いっしゅん》、不憫《ふびん》に思ったが、その気《き》概《がい》が嬉《うれ》しかった。それが、どれほど彼を勇気づけたか計《はか》り知《し》れない。

これからは子どもたちと遊《あそ》んでやることも、一家《いっか》の団欒《だんらん》も、ほとんどないにちがいない。妻にとっては、たまらなく寂《さび》しいことであるはずだ。だが、峯子は、決然《けつぜん》として、広宣流布《こうせんるふ》に生涯《しょうがい》を捧《ささ》げた会長《かいちょう》・山本伸一の妻としての決意《けつい》を披瀝《ひれき》して見せたのである。

伸一は、人並《ひとな》みの幸福《こうふく》など欲《ほっ》しなかった。ある意味《いみ》で広布《こうふ》の犠牲《ぎせい》となることを喜《よろこ》んで選《えら》んだのである。今、妻もまた、同じ思いでいることを知《し》って、ありがたかった。

しかし、伸一は、それは自分たちだけでよいと思った。その分《ぶん》、同志《どうし》の家庭《かてい》に、安穏《あんのん》なる団欒《だんらん》の花咲《さ》くことを願《ねが》い、皆が幸《しあわ》せを満喫《まんきつ》することを望《のぞ》んだ。そのための自分の人生であると、彼は決《き》めたのである。

峯子は、伸一に言った。

「お赤飯《せきはん》の用意《ようい》はしておりませんが、あなたに何か、会長就任《かいちょうしゅうにん》のお祝《いわ》いの品《しな》を贈《おく》りたいと思っております。何がよろしいのかしら」

「それなら、旅行《りょこう》カバンがいい。一番大きな、丈夫《じょうぶ》なやつを頼《たの》むよ」

「カバンですか。でも、そんなに大きなカバンを持って、どこにお出かけになりますの」

「世界《せかい》を回《まわ》るんだよ。戸田先生に代《か》わって」

峯子の瞳《ひとみ》が光《ひか》り、微笑《びしょう》が浮《う》かんだ。

「いよいよ始《はじ》まるんですね。世界広布《せかいこうふ》の旅《たび》が」

彼は、ニッコリと笑《わら》って頷《うなず》いた。

❋第2巻「民衆《みんしゅう》の旗《はた》」より（323ページ13行目～336ページ最後）

暮《く》れも押《お》し詰《つ》まったある日、山本伸一は午後《ごご》九時ごろに自宅《じたく》に戻《もど》った。彼にしては珍《めずら》しい、久《ひさ》しぶりの早《はや》めの帰宅《きたく》であった。

ベルを鳴《な》らして玄関《げんかん》のドアを開《あ》けると、妻の峯子と三人の子どもが、「お帰《かえ》りなさい！」と、元気な声《こえ》で迎《むか》えてくれた。

長男の正弘《まさひろ》は七歳《さい》、次男の久弘《ひさひろ》は五歳、三男の弘高《ひろたか》は二歳である。

「今日《きょう》は子どもたちが、パパのお誕生日《たんじょうび》のプレゼントの絵《え》を渡《わた》すんだって、起《お》きて待《ま》っていたんですよ」

峯子が、微笑《ほほえ》みながら告《つ》げた。

彼の誕生日《たんじょうび》は一月二日だが、元日《がんじつ》は朝から本部に行き、二日は総本山《そうほんざん》で過《す》ごすことが恒例《こうれい》になっていたので、子どもたちは、年末《ねんまつ》にプレゼントを渡《わた》すことにしたのである。

伸一は、三男の弘高《ひろたか》を抱《だ》き上《あ》げると、仏間《ぶつま》に向《む》かった。彼は、既《すで》に学会本部で勤行《ごんぎょう》をすませていたが、子どもたちと、少《すこ》しの時間、唱題《しょうだい》した。

唱題《しょうだい》を終《お》え、伸一が別室《べっしつ》で着替《きが》えていると、峯子が小さな包《つつ》みを持って来た。

「これは、あなたが子どもたちと約束《やくそく》なさったプレゼントです」

しばらく前に、伸一は、三人の子どもたちの求《もと》めに応《おう》じて、年末《ねんまつ》に、ボールペンや図鑑《ずかん》などを買《か》ってあげる約束《やくそく》をしていた。彼は、子どもたちからの要求《ようきゅう》を、たいてい二つ返事《へんじ》で聞《き》き入《い》れてしまうことが多かった。峯子はその品物《しなもの》を、いつも彼に代《か》わって用意《ようい》してくれた。

伸一がプレゼントを抱《かか》えて、居間《いま》に行くと、美《うつく》しい花が生けられ、テーブルの上《うえ》には、ケーキが置《お》かれていた。彼の顔を見ると、正弘《まさひろ》が言った。

「パパ、お誕生日《たんじょうび》、おめでとう！　ちょっと早《はや》いけどプレゼントを贈《おく》ります」

正弘《まさひろ》は恭《うやうや》しく、一枚の絵《え》を差《さ》し出《だ》した。伸一は、両手でそれを受けた。

続《つづ》いて久弘《ひさひろ》と弘高《ひろたか》も絵《え》を手渡《てわた》した。いずれも父親である伸一の似顔絵《にがおえ》だった。

「ありがとう。みんな上手《じょうず》だね。よくできている」

「えー、ほんと！」

子どもたちは嬉《うれ》しそうに声《こえ》をあげた。自分たちの描《か》いた絵《え》に、父親が感心《かんしん》していることが、たまらなく誇《ほこ》らしいようだった。

「一生懸命《いっしょうけんめい》に頑張《がんば》って描《か》いたのがよくわかるよ。どんなことでも、一生懸命に頑張り、練習《れんしゅう》していけば、周《まわ》りの人がビックリするほど、上手《じょうず》になる。だから優《すぐ》れた人というのは、一番《いちばん》、努力《どりょく》した人なんだよ」

子どもたちが頷《うなず》いた。

今度《こんど》は、伸一が子どもたちにプレゼントを手渡《てわた》した。

「さあ、みんなと約束《やくそく》したプレゼントだ。お兄《にい》ちゃんはボールペンだったね」

〝お兄《にい》ちゃん〟というのは、長男の正弘《まさひろ》のことだ。彼は、久弘《ひさひろ》のことは〝久《ひさ》ちゃん〟、弘高《ひろたか》のことは〝弘《ひろ》ちゃん〟と呼《よ》び、呼び捨《す》てにすることはなかった。そこには、子どもは親の所有物《しょゆうぶつ》ではなく、小さくとも〝対等《たいとう》な人格《じんかく》〟であるという、彼の思いが込《こ》められていた。

「パパ、ありがとう」

子どもたちはプレゼントを受《う》け取《と》ると、目を輝《かがや》かせ、すぐに包《つつ》みを開《ひら》いた。

「ワー、万歳《ばんざい》！」

「やったー！」

歓声《かんせい》があがった。ケーキを食べながら、家族の歓談《かんだん》が始《はじ》まった。

彼は、生来《せいらい》、子どもが大好《だいす》きだった。戸田城聖《じょうせい》のもとで少年雑誌《しょうねんざっし》の編集《へんしゅう》に携《たずさ》わっていた時も、読者《どくしゃ》である子らに会《あ》うことを、無上《むじょう》の喜《よろこ》びとしていたのである。

思えば、会長《かいちょう》に就任《しゅうにん》して以来《いらい》、家に帰《かえ》ることができたのは、平均《へいきん》すれば、月《つき》に三、四日にすぎなかった。それも、ほとんど深夜《しんや》であり、起《お》きている子どもたちを見たのは、指折《ゆびお》り数《かぞ》えるほどしかない。

会長《かいちょう》になる前は、わずかな時間だが、子どもたちと接《せっ》する時間をつくることもできた。三人の子どもを連《つ》れて、銭湯《せんとう》に行ったこともあった。

物語《ものがたり》などを話してやったこともあった。豊《ゆた》かな情操《じょうそう》を培《つちか》い、夢と勇気と正義の心《こころ》を育《はぐく》みたいとの気持《きも》ちからである。もっとも、彼の健気《けなげ》な努力《どりょく》にもかかわらず、「ママの方《ほう》がうまいよ！」と、正直《しょうじき》だが、手厳《てきび》しい感想《かんそう》を聞《き》かされることもあったが……。

長男の正弘《まさひろ》には、一緒《いっしょ》に武蔵野《むさしの》の美《うつく》しい自然《しぜん》を眺《なが》めながら、自《みずか》ら詩《し》をつくり、詩の書き方を教《おし》えたこともあった。

家にあっても、子どもが伸《の》び伸びと育《そだ》ち、自然《しぜん》に学習《がくしゅう》への関心《かんしん》と意欲《いよく》をもてるように、環境《かんきょう》づくりにも工夫《くふう》をしてきた。

彼の家には、膨大《ぼうだい》な蔵書《ぞうしょ》を納《おさ》めた作り付けの本箱《ほんばこ》があったが、伸一はある時、その扉《とびら》をすべて取《と》り外《はず》してしまった。背表紙《せびょうし》がむき出《だ》しのまま並《なら》んだ。

峯子が、怪訝《けげん》な顔をしていると、彼は言った。

「これで、いいんだ。子どもが背表紙《せびょうし》を見て育《そだ》てば、本への興味《きょうみ》ももつようになるし、抵抗《ていこう》なく書物《しょもつ》になじめるじゃないか。まだ子どもは読《よ》まないだろうが、家に本があるかないかで、精神形成《せいしんけいせい》のうえでは大きな違《ちが》いがある」

山本伸一は、レコードも、小さな子どもたちに自由《じゆう》に使《つか》わせていた。そのレコードは、伸一が青年時代《じだい》の貧《まず》しい暮《く》らしのなかで、一枚一枚買い集《あつ》めていった、ベートーベンなど、懐《なつ》かしい思い出の曲であった。彼が購入《こうにゅう》したころ、レコードや蓄音機《ちくおんき》は、まだ高価《こうか》なものといえた。もちろん、子どもの手にかかれば、レコードが傷《きず》つくことも少なくなかった。だが、彼は、その代償《だいしょう》を払《はら》ったとしても、子どもが自由に名曲《めいきょく》に親《した》しむことの方《ほう》が、はるかに大切であると考えていたのである。

伸一にとって心残《こころのこ》りといえば、会長就任後《かいちょうしゅうにんご》は、子どもたちと接《せっ》する機会《きかい》がほとんどなくなってしまったことであった。しかし、もとより、それは覚悟《かくご》のうえであった。

伸一は、会長《かいちょう》に就任《しゅうにん》した直後《ちょくご》の五月五日の「こどもの日」に、一度だけ思い切って時間をつくり、家族で東京タワーに出かけた。今後《こんご》、そんな時間はもてないことがわかっていただけに、幼《おさな》い子どもたちの胸《むね》に、父と一緒《いっしょ》に過《す》ごした思い出を、刻《きざ》んでおいてやりたかったのである。

峯子には、その伸一の気持《きも》ちが痛《いた》いほどわかった。楽しそうに子どもたちと語らい遊《あそ》ぶ夫《おっと》の姿《すがた》を見ながら、彼女は心《こころ》に誓《ちか》っていた。

〝あなた、子どもたちのことは、ご心配《しんぱい》なさらないでください。あなたの分まで力《ちから》を注《そそ》ぎ、私の手で、立派《りっぱ》に育《そだ》ててまいります。あなたは、山本家のものではなく、全学会の、全同志《どうし》のものなのですから〟

伸一もまた、峯子の決意《けつい》をよく知《し》っていた。

会長《かいちょう》として活動を開始《かいし》した彼は、多忙《たぼう》に多忙を極《きわ》めたが、子どもとの心《こころ》の交流《こうりゅう》は怠《おこた》らなかった。全国を駆《か》け巡《めぐ》りながらも、行く先々《さきざき》で子どもたちに絵葉書《えはがき》を送《おく》った。文面《ぶんめん》は今日《きょう》はどこに来ていて、明日《あした》はどこへ行くという簡単《かんたん》なものであったが、宛名《あてな》は連名《れんめい》にせず、必《かなら》ず一人《ひとり》ひとりに出した。

また、土産《みやげ》を買《か》うことも忘《わす》れなかった。それは、決《けっ》して高価《こうか》なものではなかったが、そこには彼の、子どもたちへの親愛《しんあい》の情《じょう》が託《たく》されていた。たとえば、海外《かいがい》指導《しどう》の際《さい》の土産は、使用済《しようず》みの切手《きって》のセットだった。世界《せかい》を身近《みぢか》に感《かん》じる契機《けいき》になってくれればとの、配慮《はいりょ》もあってのことであった。

直接《ちょくせつ》、言葉を交《か》わす機会《きかい》は少なくとも、工夫次第《くふうしだい》で心《こころ》の対話を交わすことはできる。これらの一葉《いちよう》一葉の絵葉書《えはがき》や土産《みやげ》の切手《きって》は、父と子の心《こころ》を結《むす》ぶ貴重《きちょう》なメッセージであった。

山本伸一が父親として常《つね》に心《こころ》がけていたことは、子どもたちとの約束《やくそく》は、必《かなら》ず守《まも》るということだった。

伸一は、せめて年《ねん》に一、二度は、一緒《いっしょ》に食事をしようと思い、ある時、食事の約束《やくそく》をした。しかし、彼は自分がなさねばならぬことを考えると、そのために、早く帰宅《きたく》するわけにはいかなかった。そこで、学会本部から車で十分ほどのレストランで、ともに夕食《ゆうしょく》をとることにした。

しかし、その日になると打《う》ち合《あ》わせや会合が入《はい》り、取《と》れる時間は、往復《おうふく》の移動《いどう》も含《ふく》めて、二、三十分しかなかった。だが、それでも伸一はやって来た。ものの

五分か十分、一緒《いっしょ》にテーブルを囲《かこ》んだだけで立《た》ち去《さ》らねばならなかったが……。

親子の信頼《しんらい》といっても、まず約束《やくそく》を守《まも》るところから始《はじ》まる。もちろん、時には守れないこともあるにちがいない。その場合《ばあい》でも、なんらかのかたちで約束を果《は》たそうとする、人間としての誠実《せいじつ》さは子どもに伝《つた》わる。それが〝信頼の絆《きずな》〟をつくりあげていくのだ。

峯子は、足早《あしばや》に去《さ》っていく伸一を見送《みおく》ると、子どもたちに言った。

「パパは、来ることなんてできないほど忙《いそが》しかったのに、約束《やくそく》を守《まも》って、駆《か》けつけてくださったのよ。よかったわね」

まさに、子育《こそだ》ての要諦《ようてい》は夫婦《ふうふ》の巧《たく》みな連係《れんけい》プレーにあるといえよう。

峯子は自《みずか》ら、伸一と子どもたちとの、交流《こうりゅう》の中継基地《ちゅうけいきち》ともいうべき役割《やくわり》を担《にな》っていった。彼女は、夫《おっと》のスケジュールはすべて頭《あたま》に入《い》れ、子どもたちに、伸一が今、どこで何をしているか、また、それはなんのためであり、どんな思いでいるのかを語って聞《き》かせた。

一方《いっぽう》、伸一と連絡《れんらく》を取《と》る時にも、子どもたちの様子《ようす》を詳細《しょうさい》に報告していた。それによって、彼も子どもが何に興味《きょうみ》をもち、毎日を、どうやって過《す》ごしているかを知《し》り、的確《てきかく》なアドバイスができた。

子どもの年代《ねんだい》に応《おう》じて、母親には母親の、また、父親には父親の果《は》たすべき役《やく》割《わり》がある。山本家では、躾《しつけ》については、日頃《ひごろ》、伸一よりも子どもとともに過《す》ごす時間の多い峯子が、主《おも》に担《にな》っていた。

躾《しつけ》は、親が一緒《いっしょ》に行動するなかで、自然《しぜん》に身《み》につくようにすべきものといえるかもしれない。お礼《れい》やあいさつをはじめ、〝自分のことは自分でする〟〝散《ち》らかしたものは片付《かたづ》ける〟といったことなどは、口《くち》で教《おし》えれば、できるというものではない。それは体得《たいとく》させる事柄《ことがら》であり、親が根気強《こんきづよ》く子どものペースに合《あ》わせ、ともに行動しなければならないところに、その難《むずか》しさがある。

峯子は、上手《じょうず》に子どもの関心《かんしん》を引《ひ》き出《だ》しながら、おおらかな雰囲気《ふんいき》のなかで躾《しつけ》をし、伸《の》び伸びと子どもたちを育《そだ》てていった。

彼女は、正弘《まさひろ》が平仮名《ひらがな》が読《よ》めるようになると、勤行《ごんぎょう》を教《おし》えた。側《そば》について、指《ゆび》で経本《きょうぼん》の文字《もじ》を一字一字たどりながら、一緒《いっしょ》に声《こえ》を出《だ》して勤行するのである。こうして勤行の基本《きほん》を身《み》につけた正弘は、小学校に入ると、自分から進《すす》んで、方便品《ほうべんぼん》、自我偈《じがげ》と唱題《しょうだい》の勤行をするようになった。

それは、峯子に手を引《ひ》かれ、座談会や個人指導《しどう》に連《つ》れられて行った影響《えいきょう》もあったにちがいない。母親が不幸《ふこう》に苦しむ人のために、懸命《けんめい》に汗《あせ》を流《なが》し、それを誇《ほこ》りとし、喜《よろこ》びとしている姿《すがた》を見て育《そだ》てば、子どもも、自然《しぜん》に信心に目覚《めざ》めていくものである。

正弘《まさひろ》は、時には、寝坊《ねぼう》して題目三唱《さんしょう》だけで家を出て行くこともあった。

そんな時には、峯子は、こう言って送《おく》り出《だ》した。

「心配《しんぱい》しなくても大丈夫《だいじょうぶ》よ。ママが、しっかり祈《いの》ってあげるから、安心《あんしん》して行ってらっしゃい。でも、明日《あした》は頑張《がんば》りましょうね」

その一言《ひとこと》が、どれほど子どもをホッとさせるか計《はか》り知《し》れない。もし、逆《ぎゃく》に不安《ふあん》をかきたてるような言葉を浴《あ》びせられれば、子どもは一日中《いちにちじゅう》、暗《くら》い気持《きも》ちで過《す》ごさねばならない。そこには、価値《かち》の創造《そうぞう》はないし、それでは、なんのための信仰《しんこう》か、わからなくなってしまう。

山本伸一が子どもたちに対《たい》して担《にな》った役割《やくわり》は、人間の生き方を教《おし》えることであった。彼は、嘘《うそ》をついてはならないということだけは、厳《きび》しく言ってきた。あとはまことに鷹揚《おうよう》であった。父親が叱《しか》ってばかりいれば、どうしても子どもは、萎《い》縮《しゅく》してしまうからである。

彼は、親の責任《せきにん》として、子どもたちを、生涯《しょうがい》、広宣流布《こうせんるふ》の使命《しめい》に生《い》き抜《ぬ》く〝正義の人〟に育《そだ》て上《あ》げねばならないと誓《ちか》っていた。

小学生《しょうがくせい》の正弘《まさひろ》には、伸一の会長就任式《かいちょうしゅうにんしき》となった、五月三日の総会《そうかい》にも参加《さんか》させた。父の広宣流布《こうせんるふ》に生きる決意《けつい》を、わが子の魂《たましい》に焼《や》きつけておきたかったのである。また、長男の正弘が父の心《こころ》を知《し》り、信仰《しんこう》への自覚《じかく》を深《ふか》めれば、それは当然《とうぜん》、弟たちにも大きな影響《えいきょう》をもたらすからだ。

今、ケーキを頬張《ほおば》り、無邪気《むじゃき》にはしゃぐ子どもたちを見ながら、伸一は、しみじみと家庭の幸《しあわ》せを噛《か》み締《し》めていた。そして、彼は、会長《かいちょう》である自分の双肩《そうけん》にかかる、百七十万世帯《せたい》の家庭の幸福のために、来年も力《ちから》の限《かぎ》り走《はし》り抜《ぬ》かねばならぬと、決意《けつい》を新《あら》たにするのであった。

夜更《よふ》けて、伸一は、峯子とともに、再《ふたた》び仏壇《ぶつだん》の前に座《すわ》った。

静寂《せいじゃく》な室内《しつない》に、二人《ふたり》の唱題《しょうだい》の声《こえ》が響《ひび》いた。

彼が第三代会長《だいさんだいかいちょう》に就任《しゅうにん》し、創価の新生《しんせい》の歴史《れきし》を開《ひら》いた「前進の年」は、間《ま》もなく終《お》わろうとしている。思えば、この一年は、彼の人生を大きく変《か》えた激動《げきどう》の年であった。

あの五月三日以来《いらい》、彼は片時《かたとき》の休《やす》みもなく、ひたぶるに走《はし》り続《つづ》けてきた。そして、学会は大《おお》いなる飛翔《ひしょう》を遂《と》げた。

一年前の学会の総世帯《そうせたい》は約《やく》百三十万であり、四月末《まつ》の段階《だんかい》でも、まだ、百四十万余《よ》にすぎなかった。しかし、それが今、会長就任《かいちょうしゅうにん》八カ月で、百七十万世帯《せたい》を上《うわ》回《まわ》るまでになった。

また、支部《しぶ》も四月末《まつ》には六十一支部だったが、百二十四支部となり、海外《かいがい》にも支部が誕生《たんじょう》した。学会は、見事《みごと》に新《あたら》しき広宣流布《こうせんるふ》の大空《おおぞら》に飛《と》び立《た》ったのである。

伸一の緒戦《しょせん》は、明確《めいかく》に大勝利を収《おさ》めたのである。

彼は、この一年を振《ふ》り返《かえ》って、いささかも悔《く》いはなかった。自分らしく、使命《しめい》を果《は》たすべく、まっしぐらに突《つ》き進《すす》んで来た。恩師《おんし》にも、胸《むね》を張《は》って、報告することができる一年であると思った。

疲労《ひろう》のゆえか、しばしば発熱《はつねつ》を繰《く》り返《かえ》しはしたが、今、五体《ごたい》には満々《まんまん》たるエネルギーがあふれていた。

しかし、この勝利は、広宣流布《こうせんるふ》の長《なが》い旅路《たびじ》を思えば、まだ、ようやく飛行機《ひこうき》が離陸《りりく》した状態《じょうたい》にすぎない。安定飛行《あんていひこう》に入るには、来年《らいねん》はさらに高度《こうど》を上《あ》げ、全速力《ぜんそくりょく》で上昇《じょうしょう》していくことになる。

伸一の胸《むね》には、戸田城聖《じょうせい》から託《たく》された構想《こうそう》の実現《じつげん》のために、新《あたら》しき年になすべき課題《かだい》が次々《つぎつぎ》と浮《う》かんだ。

――引《ひ》き続《つづ》き、支部結成大会を中心《ちゅうしん》に全国各地《ぜんこくかくち》を回《まわ》り、指導《しどう》に全力《ぜんりょく》を注《そそ》がなくてはならない。また、来年《らいねん》は、初《はつ》のアジア、ヨーロッパ訪問《ほうもん》の第一歩《だいいっぽ》を印《しる》す、さらに新《あたら》しき開拓《かいたく》の一年となろう。

広宣流布《こうせんるふ》の戦《たたか》いとは、間断《かんだん》なき飛翔《ひしょう》だ。

外《そと》は、冬の夜の闇《やみ》に包《つつ》まれていたが、唱題《しょうだい》を続《つづ》ける彼の胸《むね》には、まばゆい「躍《やく》進《しん》の年《とし》」の太陽が輝《かがや》いていた。その光《ひかり》は、澄《す》み渡《わた》る大空《おおぞら》に七彩《しちさい》の虹《にじ》を架《か》け、洋々《ようよう》たる広布《こうふ》の大海原《おおうなばら》を照《て》らし出《だ》している。

〝先生！ 私は戦《たたか》います。「民衆《みんしゅう》の旗《はた》」を掲《かか》げ、狭《せま》い日本だけでなく、世界《せかい》を舞《ぶ》台《たい》にして〟

唱題《しょうだい》の声に、一段《いちだん》と力《ちから》がこもった。

彼は、勝利を誓《ちか》い、胸《むね》の鼓動《こどう》を高鳴《たかな》らせながら、決戦《けっせん》の第二幕《まく》への飛翔《ひしょう》の朝を待《ま》った。

✿第11巻「常勝《じょうしょう》」より（218ジペー10行目〜222ジペー8行目）

一九六六年（昭和四十一年）九月、山本伸一の一家《いっか》は、大田区《おおたく》の小林町《こばやしちょう》から新宿区《しんじゅくく》信濃町《しなのまち》に転居《てんきょ》し、十二日、入仏式《にゅうぶつしき》を行《おこな》った。

新居《しんきょ》は、信濃町駅から五分ほどのところにあり、学会本部にも、聖教新聞社にも近《ちか》かったが、築《ちく》数十年たっており、前の坂道を車が通《とお》ると揺《ゆ》れる古《ふる》い家であった。

伸一と峯子が、五二年（同二十七年）の五月三日に結婚《けっこん》し、最初《さいしょ》に住《す》んだのは、目黒区三田《めぐろくみた》の借家《しゃくや》であった。この家はプロ野球《やきゅう》の選手《せんしゅ》であった春木征一郎《はるきせいいちろう》の家で、彼が仕事《しごと》の関係で大阪《おおさか》に移《うつ》ったことから、そこを借《か》りたのである。

ある時、伸一の生活を心配《しんぱい》して、戸田城聖《じょうせい》がアドバイスしてくれた。

「君《きみ》は、広宣流布《こうせんるふ》のために日本中を駆《か》け回《まわ》らなくてはならない。将来《しょうらい》は世界中《せかいじゅう》に行くことになるだろう。留守中《るすちゅう》のことが心配《しんぱい》だから、峯子の実家《じっか》の春木家《はるきけ》に近《ちか》いところに、居《きょ》を構《かま》えた方《ほう》がいい」

その年《とし》の秋には、大田区山王《おおたくさんのう》のアパートに移《うつ》った。しかし、長男の正弘《まさひろ》、次男の久弘《ひさひろ》が生まれ、子どもが二人《ふたり》になったために、アパートを出なければならなくなった。そういう契約《けいやく》であったのである。

そこで、より春木家《はるきけ》に近《ちか》い小林町《こばやしちょう》の家をローンで購入《こうにゅう》した。価格《かかく》は、当時《とうじ》の金《かね》で百万円である。転居《てんきょ》は五五年（昭和三十年）の六月十九日であった。

しかし、それは、古《ふる》く、簡素《かんそ》な家であった。夏は蚊《か》が多《おお》く、冬は寒《さむ》く、すきま風《かぜ》に悩《なや》まされた。

当初《とうしょ》は、門《もん》も塀《へい》もなく、部屋《へや》は、四畳半《じょうはん》の仏間《ぶつま》と、六畳二間《ふたま》からのスタートとなった。この家に、たくさんの同志《どうし》が、指導《しどう》を求《もと》めてやって来《き》た。あまり狭《せま》いので、伸一の部屋と子ども部屋として二間を建《た》て増《ま》し、さらに安全面《あんぜんめん》も考慮《こうりょ》し、簡《かん》単《たん》なブロックの塀と門を作った。

伸一は、通勤《つうきん》には、小林町《こばやしちょう》の自宅《じたく》からは、国電《こくでん》（ＪＲ）蒲田駅《かまたえき》まで自転車《じてんしゃ》で行き、そこから電車《でんしゃ》を使《つか》った。

帰《かえ》りが遅《おそ》くなる時には、駐輪場《ちゅうりんじょう》が閉《し》まってしまうので、妻の峯子に連絡《れんらく》し、先《さき》に自転車を出して、待《ま》っていてもらった。自転車を押《お》して、星《ほし》を仰《あお》ぎながら、帰る夜道《よみち》は、夫婦《ふうふ》の希望の語らいの場所《ばしょ》であった。

この家に住《す》んでから、三男の弘高《ひろたか》も生まれた。

子どもたちが成長《せいちょう》するにつれて、襖《ふすま》は破《やぶ》れ、部屋《へや》の壁《かべ》も汚《よご》れて、家の中は、さながら戦場《せんじょう》のようになっていった。子どもたちは、寝《ね》ている伸一の周《まわ》りを、朝早くから駆《か》け回《まわ》った。休日《きゅうじつ》でも、おちおち休《やす》んでいることもできなかった。

しかし、この小林町《こばやしちょう》の家には、伸一にとって、たくさんの黄金《おうごん》の思い出が詰《つ》まっていた。

一九六〇年（昭和三十五年）の五月三日、伸一の第三代会長《だいさんだいかいちょう》の就任式《しゅうにんしき》となる本部総会《そうかい》に出発《しゅっぱつ》したのも、この家からであった。義母《ぎぼ》が呼《よ》んで来たタクシーで、義父《ぎふ》の春木洋次《はるきようじ》、峯子と一緒《いっしょ》に、両国《りょうごく》の日大講堂《にちだいこうどう》に向《む》かったのだ。

その日の夜、食卓《しょくたく》に祝《いわ》いの赤飯《せきはん》はなかった。その時、峯子が言った、今日《きょう》は山《やま》本家《もとけ》の葬式《そうしき》です、との言葉は、伸一の胸《むね》に深《ふか》く焼《や》きついていた。

彼女は、夫《おっと》を、学会に、広宣流布《こうせんるふ》に捧《ささ》げたものと、心《こころ》に決《き》めていたのである。

伸一は、子どものことも、峯子に頼《たの》んだ。

「子どもたちは、一生涯《いっしょうがい》、学会と共《とも》に生き、学会と運命《うんめい》を共にしていくように育《そだ》ててほしい。それが私の、最大《さいだい》の願《ねが》いだ」

「全部《ぜんぶ》、わかっております。それが最《もっと》も正《ただ》しい人生です」

夫婦二人《ふうふふたり》の、広宣流布《こうせんるふ》の大海原《おおうなばら》への船出《ふなで》であった。

以来《いらい》、小林町《こばやしちょう》の家は、広布《こうふ》の本陣《ほんじん》となった。

その年《とし》の十月二日、伸一は、世界平和《せかいへいわ》の道を開《ひら》くために、初《はつ》の海外訪問《かいがいほうもん》の旅《たび》に出るが、それも、この家からの出発《しゅっぱつ》であった。大勢《おおぜい》の人が集《あつ》まり、「世界広布《せかいこうふ》の夜明《よあ》けだ」と言って喜《よろこ》び、タクシーで羽田《はねだ》の空港《くうこう》に向《む》かう伸一を、手を振《ふ》って見《み》送《おく》ってくれた。

会長就任後《かいちょうしゅうにんご》は、ますます訪問者《ほうもんしゃ》は多くなった。指導《しどう》を受《う》けに来る人や、報告のために訪《おとず》れる幹部《かんぶ》など、千客万来《せんきゃくばんらい》である。

また、社会の各界《かっかい》のリーダーなど、著名人《ちょめいじん》の訪問《ほうもん》もあった。

ところが、あまりにも簡素《かんそ》な家であるために、見過《みす》ごしてしまい、長《なが》い時間、探《さが》し回《まわ》る人が少なくなかったようである。

小林町《こばやしちょう》の家は、道路《どうろ》の拡張《かくちょう》による区画整理《くかくせいり》の対象《たいしょう》となり、一家《いっか》は転居《てんきょ》することになった。

移転《いてん》にあたっては、ぜひ信濃町《しなのまち》にとの、学会本部の要請《ようせい》により居《きょ》を定《さだ》めた。そこに住《す》めば、自分《じぶん》だけでなく、家族《かぞく》の私生活《しせいかつ》も、これまで以上《いじょう》になくなることはわかっていた。しかし、最優先《さいゆうせん》すべきは広宣流布《こうせんるふ》であることを、峯子も、子どもたちも覚悟《かくご》していた。

そして、この九月十二日の入仏式《にゅうぶつしき》となったのだ。

伸一は、創価学会本部があり、生活の舞台《ぶたい》となる信濃町《しなのまち》を、断《だん》じて興隆《こうりゅう》させようと、固《かた》く心《こころ》に誓《ちか》い、深《ふか》い祈《いの》りを捧《ささ》げた。自身が住んでいる地域《ちいき》を愛《あい》し、地域に貢献《こうけん》し、そこを栄《さか》えさせ、常寂光土《じょうじゃっこうど》としていくのは、仏法者《ぶっぽうしゃ》の責任《せきにん》であり、使命《しめい》であるからだ。

❀第27巻「求道《きゅうどう》」より　（388ジペー8行目〜395ジペー10行目）

この（＝一九七八年）六月十一日、伸一は、青年部総会《そうかい》の前後《ぜんご》も、北海道の大学会や未来会メンバーを激励《げきれい》し、厚田村《あつたむら》の村長《そんちょう》らとも語り合っていた。間断《かんだん》ないスケジュールであった。

妻の峯子もまた、伸一と同じ心《こころ》で、同志《とも》の激励《げきれい》に走《はし》った。

十一日夜、峯子は、墓地公園《ぼちこうえん》に近《ちか》い望来大《もうらいだい》ブロックの大ブロック担当員宅《たんとういんたく》を訪問《ほうもん》した。

実《じつ》は、前々日《ぜんぜんじつ》、厚田《あつた》支部の各《かく》大ブロックから、婦人部総会の招待状《しょうたいじょう》が届《とど》けられていた。さらに、前日の十日には、厚田の婦人部員約《やく》百五十人で縫《ぬ》い上《あ》げたアツシを、二人《ふたり》の婦人が代表《だいひょう》して墓地公園《ぼちこうえん》に持参《じさん》したのである。

アッシは、オヒョウの樹皮《じゅひ》などから作った糸《いと》で織《お》った上着《うわぎ》である。若《わか》き戸田城《じょう》聖《せい》が東京へ旅立《たびだ》つにあたって、母親が縫《ぬ》い上《あ》げて持《も》たせ、戸田が生涯《しょうがい》の宝《たから》とした品《しな》である。

伸一は、アッシを持参《じさん》してきた代表《だいひょう》と語らいのひと時をもった。

「珍《めずら》しいものを、作ってくださってありがとう。明日《あした》、大学会の総会がありますので、青年たちにも見てもらいます。きっと、みんな喜《よろこ》びます。大志《たいし》に燃《も》えて旅立《たびだ》った戸田先生を偲《しの》ぶ、貴重《きちょう》な品《しな》となります。今日《きょう》は、記念として一緒《いっしょ》に写真を撮《と》りましょう」

そして彼は、メンバーへの土産《みやげ》として、手提《てさ》げ袋《ぶくろ》二つ分《ぶん》の菓子《かし》を贈《おく》った。

二人《ふたり》の婦人が、伸一と別《わか》れて歩《ある》き始《はじ》めると、峯子が足早《あしばや》にやって来た。

「帰《かえ》りのお車はございますか。お菓子《かし》は、それだけで、皆さんに行き渡《わた》るでしょうか」

「大丈夫です。車で来ておりますので。お菓子《かし》も、これだけいただければ十分《じゅうぶん》です」

峯子の気遣《きづか》いに、彼女たちは恐縮《きょうしゅく》した。

気遣《きづか》いは、友の心《こころ》の扉《とびら》を開《ひら》き、魂《たましい》の交流《こうりゅう》をもたらし、信頼《しんらい》を育《はぐく》む種子《しゅし》である。

厚田《あつた》支部の各大《かくだい》ブロックから、婦人部総会の招待状《しょうたいじょう》をもらった伸一は、できることなら、すべての総会に出席《しゅっせき》したかった。しかし、開催日《かいさいび》は、六月の十二日、十七日、二十日であり、既《すで》に、行事《ぎょうじ》が組《く》まれていた。

十日夜、伸一は、峯子に、自分の思いを語った。すると、峯子は言った。

「十一日の夜ならば、私は、御礼《おんれい》のごあいさつにお伺《うかが》いすることができます。また、十七日夜は、スケジュールの調整《ちょうせい》が可能《かのう》ですので、婦人部総会に出席《しゅっせき》させていただきます」

伸一と峯子は、〝一心同体《いっしんどうたい》〟であった。広宣流布《こうせんるふ》の〝盟友《めいゆう》〟であり、〝戦友《せんゆう》〟でもあった。

そして、翌《よく》十一日、峯子は、望来大《もうらいだい》ブロックの大ブロック担当員宅《たんとういんたく》を、激励《げきれい》のために訪《おとず》れたのである。訪問《ほうもん》を事前《じぜん》に伝《つた》えておいたので、十人ほどの婦人が集《つど》っていた。

峯子を囲《かこ》んで懇談《こんだん》が始《はじ》まった。

「会長《かいちょう》は『婦人部総会に出席《しゅっせき》したい』と申《もう》しておりましたが、日程《にってい》の関係で、どうしても難《むずか》しいために、本日《ほんじつ》、私が、ごあいさつにまいりました」

彼女は、こう言うと、皆の名前《なまえ》を尋《たず》ねていった。婦人の一人《ひとり》が、自己紹介《じこしょうかい》したあと、しみじみとした口調《くちょう》で語った。

「私は、今日《きょう》まで信心をしてくることができたのは、周囲《しゅうい》の同志《どうし》の方々《かたがた》が、励《はげ》ましてくれたおかげだと、実感《じっかん》しております」

峯子は、大きく頷《うなず》きながら、話し始《はじ》めた。

「どなたも、自分だけでは信心を貫《つらぬ》いていくことはできませんし、広宣流布《こうせんるふ》も一人《ひとり》ではできません。会長《かいちょう》も、『同志《どうし》の皆さんのおかげで、ここまでやってこられたんだよ』と、よく言っております。

親子を縦《たて》の線《せん》とするなら、同志《どうし》は横《よこ》の線といえます。この縦と横の絆《きずな》を強《つよ》く、大切にしてこそ、自分の幸《しあわ》せも、成長《せいちょう》もあります。したがって、ご両親《りょうしん》やお子さんなど、ご家族を大切にしてください。そして、同志を大事にしていってください。その、人と人とのつながりのなかに、幸福と広宣流布《こうせんるふ》の実像《じつぞう》があるのだと思います」

望来大《もうらいだい》ブロックに集《つど》っていた婦人の一人《ひとり》を、副大ブロック担当員《たんとういん》が峯子に紹介《しょうかい》した。

「こちらの方は、ご主人を亡《な》くされ、五人の子どもさんがいらっしゃるんです」

「大変《たいへん》ですね。ご自宅は遠《とお》いのですか」

峯子が尋《たず》ねると、婦人は答《こた》えた。

「山《やま》を迂回《うかい》しなければなりませんので、歩いて五十分ほどかかります。森《もり》を通《とお》って近道《ちかみち》をすれば、三十分ぐらいなので、今日《きょう》はそうしました。でも、一人《ひとり》で森の中を歩くのは怖《こわ》いもので、女子部の娘《むすめ》も連《つ》れてきました」

笑《え》みの花で包《つつ》むように、峯子は語った。

「いつも遠《とお》くまで歩《ある》かれて、学会活動されているんですね。その信心の志《こころざし》は、女人《にょにん》の身《み》で、娘《むすめ》さんの乙御前《おとごぜん》と、佐渡《さど》まで大聖人をお訪《たず》ねした、あの日妙《にちみょう》聖人のようですね」

峯子の言葉に、婦人は「まあ、私が！」と、目《め》を丸《まる》くした。どっと笑《わら》いが起《お》こった。

峯子は、微笑《ほほえ》みながら言葉をついだ。

「信心の苦労《くろう》は、必《かなら》ず功徳《くどく》の大輪《たいりん》となって花開《ひら》きます。何があっても決《けっ》して負《ま》けないでください。お子さんたちは、健気《けなげ》なお母さんの姿《すがた》を手本《てほん》にして、立派《りっぱ》に生きていきますよ」

さらに、乳飲《ちの》み子《ご》を抱《だ》いた婦人に尋《たず》ねた。

「まだ、お子さんが小さいので、目《め》が離《はな》せませんね。何カ月になりますか」

「はい。四カ月です」

「子育《こそだ》ては、苦労《くろう》も多いですが、子どもはすぐに大きくなりますよ。一瞬《いっしゅん》、一瞬を大切にしながら、広宣流布《こうせんるふ》の立派《りっぱ》な後継者《こうけいしゃ》に育《そだ》ててください。子育てを通《とお》して、子どもから教《おそ》わることも多いですよ。子どもを育てていくなかで、お母さんは、人間的に大きく成長《せいちょう》していくことができるんです。子どもは、時に〝先生〟でもあるんです」

「うちの子も先生なんだ！」という声《こえ》が漏《も》れた。すると、皆の笑《わら》いが弾《はじ》けた。

峯子は、大《だい》ブロック担当員《たんとういいん》に言った。

「この大《だい》ブロックは明《あか》るいですね。明るさに圧倒《あっとう》されそうです。明るいということは、仲《なか》が良《よ》いことであり、団結《だんけつ》していることの証明《しょうめい》でもあるんです」

峯子は、懇談《こんだん》したあと、皆と記念のカメラに納《おさ》まり、笑顔《えがお》で握手《あくしゅ》を交《か》わした。

それから、十二日に行《おこな》われる、望来大《もうらいだい》ブロック婦人部総会《そうかい》の会場となる家へと向《む》かった。

車中《しゃちゅう》、同行《どうこう》してくれた地元《じもと》の婦人部幹部《かんぶ》から、「会場のご主人は未入会《みにゅうかい》ですが、奥《おく》さんの信心には協力的《きょうりょくてき》です」と聞《き》かされた。

峯子は、〝ぜひとも、ご主人と会《あ》い、心《こころ》から御礼《おんれい》を言いたい〟と思った。人と会《あ》い、交流《こうりゅう》を結《むす》び、学会理解《りかい》の輪《わ》を広げていく――その積《つ》み重《かさ》ねが地域広《こう》布《ふ》の堅固《けんご》な土壌《どじょう》をつくる。友好《ゆうこう》なくして広布はない。

会場提供者《ていきょうしゃ》の夫妻《ふさい》がそろって、峯子を迎《むか》えてくれた。しかも、主《あるじ》はネクタイをして、スーツ姿《すがた》で待《ま》っていてくれたのである。彼は、会長《かいちょう》の夫人が来ると聞《き》き、いたく緊張《きんちょう》していたようであった。

総会《そうかい》の会場となる仏間《ぶつま》に通《とお》された。峯子は正座《せいざ》し、丁重《ていちょう》にあいさつした。

「いつも、ご尽力《じんりょく》をいただき、誠《まこと》にありがとうございます。また、このたびは、お宅《たく》を婦人部総会《そうかい》の会場として使用《しよう》させていただくことになり、心《こころ》より御礼申《おんれいもう》し上《あ》げます」

主《あるじ》も正座《せいざ》し、「うちでよければ、いつでもお使《つか》いください」と言ってくれた。

部屋《へや》には、婦人部総会《そうかい》の式次第《しきしだい》が書《か》かれた模造紙《もぞうし》が張《は》られていた。峯子が尋《たず》ねた。

「達筆《たっぴつ》ですね。どなたがお書《か》きくださったのですか」

「主人です」

「まあ、そうですか。見事《みごと》な字《じ》ですね」

彼は、顔を赤《あか》らめ、額《ひたい》の汗《あせ》を拭《ぬぐ》った。

「こうしてご主人様が、陰《かげ》で支《ささ》えてくださっているからこそ、この地域の学会の発展《はってん》があるのだと思います。ありがたいことですわ。これからも、ご協力《きょうりょく》のほど、よろしくお願《ねが》いいたします」

峯子は、深《ふか》く頭《あたま》を下《さ》げた。

夫妻《ふさい》と共《とも》に記念撮影《さつえい》もした。主《あるじ》も、次第《しだい》に緊張《きんちょう》が解《と》け、笑顔《えがお》での語らいとなった。

この二カ月後、彼は入会《にゅうかい》している。

師《し》弟《てい》

❋第16巻「入魂《にゅうこん》」より　（57ページ5行目～12行目）

「私も、戸田先生の心《こころ》を心とし、常《つね》に呼吸《こきゅう》を合《あ》わせて戦《たたか》ってきました。すると、〝これはかなり困難《こんなん》な課題《かだい》だ。果《は》たしてできるだろうか〟と思っていたことも、〝必《かなら》ずできる！〟という確信《かくしん》に変《か》わっていきました。どんなに辛《つら》く、大変《たいへん》な時でも、勇気が湧《わ》き、元気が出ました。そして、日々《ひび》、自分の壁《かべ》を破《やぶ》ることができたんです。

それは、広宣流布《こうせんるふ》をわが使命《しめい》とされ、現代における地涌《じゆ》の菩薩《ぼさつ》のリーダーとして立たれた戸田先生の、大生命《だいせいめい》と感応《かんのう》していったからです。広宣流布の師弟《してい》の道を行く人には、行き詰《づ》まりがありません。師匠《ししょう》と心《こころ》が一つにとけ合った時、無限《むげん》の力《ちから》が湧くというのが、私の人生の結論《けつろん》なんです」

❀第25巻「人材城《じんざいじょう》」より　（332ページ3行目〜13行目）

師弟不二《していふに》とは、師の心《こころ》をわが心として生きることであり、いつ、いかなる時も、己心《こしん》に厳《げん》として師匠《ししょう》がいることから始《はじ》まる。いくら〝師弟の道〟を叫《さけ》んでいても、自分の心に師匠がいなければ、もはや、仏法《ぶっぽう》ではない。

師匠《ししょう》を、〝自分の心《こころ》の外《そと》にいる存在《そんざい》〟ととらえれば、師の振《ふ》る舞《ま》いも、指導《しどう》も、自身の内面的《ないめんてき》な規範《きはん》とはならない。そして、師匠が自分をどう見ているかという、師の〝目〟や〝評価《ひょうか》〟が行動の基準《きじゅん》となってしまう。そうなると、〝師匠が厳《きび》しく言うから頑張《がんば》るが、折《おり》あらば手を抜《ぬ》こう〟という要領主義《ようりょうしゅぎ》に堕《だ》していくことになりかねない。そこには、自己《じこ》の信心の深化《しんか》もなければ、人間革命もない。

もしも、幹部《かんぶ》がそうなってしまえば、仏法《ぶっぽう》の精神《せいしん》は消《き》え失《う》せ、清浄《せいじょう》なる信仰《しんこう》の世界《せかい》も、利害《りがい》や打算《ださん》の世法《せほう》の世界になってしまう。

己心《こしん》に、師弟不二《していふに》の大道《だいどう》を確立《かくりつ》するなかにこそ、令法久住《りょうぼうくじゅう》がある。

第26巻「奮迅《ふんじん》」より（350ジペー10行目～351ジペー1行目）

師匠《ししょう》の総仕上《そうしあ》げの戦《たたか》いというのは、弟子《でし》の大成《たいせい》を見届《みとど》けることなんです。つまり、弟子が、『先生！　わが勝利を、ご覧《らん》ください！』と、師匠に胸《むね》を張《は》って報告できる実証《じっしょう》を示《しめ》すことなんです。それが、師弟不二《していふに》です。

私は、そう心を定《さだ》めたからこそ、力《ちから》が出せた。勇気と智慧《ちえ》を湧《わ》かせることができた。

〝広宣流布《こうせんるふ》の師匠《ししょう》に応《こた》えよう！〟と、弟子《でし》が燃《も》え立《た》つ時、師匠の師子王《ししおう》の生命《せいめい》が、わが胸中《きょうちゅう》に脈打《みゃくう》つんです。つまり、師弟不二《していふに》の自覚《じかく》に立てば、師と共《とも》に広宣流布の大使命《だいしめい》を担《にな》う、久遠《くおん》の自身の生命が脈動《みゃくどう》する。そこに、最大《さいだい》の力《ちから》がみなぎるんです。

創価の使命《しめい》

✿第24巻「人間教育《きょういく》」より（205ジページ4行目～206ジページ1行目）

では、これからは、人びとは、仏法《ぶっぽう》に何を求《もと》め、私たちは、どこに力点《りきてん》を置《お》いて、仏法を語るべきなのか。

伸一は、青年たちと、忌憚《きたん》のない対話を交《か》わすなかで、こう実感《じっかん》していた。

〝心《こころ》を強《つよ》くし、困難《こんなん》にも前向《まえむ》きに挑戦《ちょうせん》していく自分をつくる——つまり、人間革命こそ、人びとが、社会が、世界《せかい》が求《もと》める、日蓮仏法《にちれんぶっぽう》、創価学会への期待《きたい》ではないか！

もちろん、経済苦《けいざいく》や病苦《びょうく》などを解決《かいけつ》していくためにも、人びとは仏法《ぶっぽう》を求《もと》めていくであろうが、若《わか》い世代《せだい》のテーマは、自己《じこ》の変革《へんかく》、生き方の転換《てんかん》に、重点《じゅうてん》が置《お》かれていくにちがいない。つまり、『人間革命の時代《じだい》』が来ているのだ〟

また、医療《いりょう》の進歩《しんぽ》等によって、二十一世紀には、人間の寿命《じゅみょう》は、ますます延《の》び、高齢化《こうれいか》が進《すす》むであろう。それにともない、人びとの死《し》への関心《かんしん》は高《たか》まり、永《えい》遠《えん》の生命《せいめい》を説《と》き明《あ》かした仏法《ぶっぽう》の死生観《しせいかん》が、クローズアップされる時代《じだい》が来ること は間違《まちが》いない。

伸一が、教学《きょうがく》運動に力《ちから》を入《い》れた背景《はいけい》には、仏法《ぶっぽう》を、時代《じだい》の要請《ようせい》に応《こた》えた「希望の哲学《てつがく》」として、現代社会に復権《ふっけん》させなくてはならないとの、強《つよ》い思いがあったからである。

✿第26巻「法旗《ほうき》」より　（112ジペー11行目〜113ジペー6行目）

「今、日本の経済《けいざい》を見ても、円高不況《えんだかふきょう》などと言われ、依然《いぜん》、企業《きぎょう》の倒産《とうさん》や人員《じんいん》整理《せいり》が相次《あいつ》ぎ、暗《くら》い材料《ざいりょう》ばかりです。だからこそ、仏法《ぶっぽう》を語り抜《ぬ》かねばならない。だからこそ、皆さんがいるんです。

御本尊を受持《じゅじ》し、真剣《しんけん》に信心に励《はげ》む皆さんは、どんなに大風《おおかぜ》が吹《ふ》いても、絶対に消《き》えることのない松明《たいまつ》を持っているんです。その松明は、希望と勇気の光《ひかり》を放《はな》ちます。この信心の松明をますます燃《も》え上《あ》がらせ、社会を照《て》らし出《だ》していく使命《しめい》が、皆さんにはあるんです。お友だちを励《はげ》ましてあげてください。皆の心《こころ》に希望の光を送《おく》ってください。勇気の火をともしてあげてください。人を励まし、幸《しあわ》せにしていくなかに、自身の幸福もあるんです。

〝大変《たいへん》だな。苦しいな〟と思ったら、〝だからこそ、私が立《た》つのだ！〟〝だからこそ、宿命転換《しゅくめいてんかん》するのだ！〟と、自分に言い聞《き》かせてください。今年《ことし》は、合言葉は〝だからこそ！〟でいきましょう！」

✽第26巻「奮迅《ふんじん》」より　（362ページ9行目～12行目）

創価学会の強《つよ》さ、尊《とうと》さは、自《みずか》らが病苦《びょうく》や経済苦《けいざいく》などの悩《なや》みをかかえ、時間的《じかんてき》にも多忙《たぼう》な人びとが、広宣流布《こうせんるふ》の使命《しめい》に目覚《めざ》め、友の幸《しあわ》せのために献身《けんしん》していることにある。

資産《しさん》があり、生活に余裕《よゆう》のある有閑階級《ゆうかんかいきゅう》による救済《きゅうさい》活動ではない。無名《むめい》の民衆《みんしゅう》による同苦《どうく》と励《はげ》ましの、心《こころ》の救済活動である。

一家和楽《いっかわらく》

✵第1巻「慈光《じこう》」より（235ページ8行目〜237ページ2行目）

首都《しゅと》ワシントンでの座談会は、午後《ごご》二時から開始《かいし》された。ここでは、まず、夫《おっと》が未入会《みにゅうかい》の日系婦人《にっけいふじん》から質問《しつもん》が出された。

「夫《おっと》は、私の信心には、よく協力《きょうりょく》してくれますが、自分はカトリック教徒《きょうと》だからといって、信心しようとしません。このままでは、私まで幸《しあわ》せにはなれないような気《き》がしてなりません。どうすれば、信心させることができるでしょうか」

それは、このワシントンだけではなく、全米各地《ぜんべいかくち》で共通《きょうつう》した、婦人《ふじん》たちの悩《なや》みであったといってよい。この婦人の夫《おっと》は、「運送班《うんそうはん》」となって車を運転《うんてん》してくれた壮年《そうねん》であった。伸一はそれを聞《き》くと笑《わら》いながら言った。

「学会の旗《はた》を立てて、喜々《きき》として車を運転《うんてん》し、広布《こうふ》のために尽《つ》くしてくれる。ありがたいことではないですか。入会《にゅうかい》するか、しないかといった、形《かたち》にこだわる必要《ひつよう》はありません。また、このなかには、ご主人やご家族が、信心に反対《はんたい》のご家庭もあるかもしれない。その場合《ばあい》も、信心のことで家庭のなかで言い争《あらそ》ったり、感情的《かんじょうてき》になったりするのは愚《おろ》かなことです。ましてや、ご主人が仕事のうえなどで行き詰《づ》まったり、失敗《しっぱい》した時に、『信心しないからいけないのよ』などと、責《せ》めるようなことをしてはいけません。一家《いっか》のなかで、自分だけしか信心をしていないというのは、確《たし》かに寂《さび》しいかもしれない。しかし、奥《おく》さんが頑張《がんば》っていれば、その功徳《くどく》、福運《ふくうん》は、全《ぜん》家族に回向《えこう》されていきます。ちょうど、一本《いっぽん》の大きな傘《かさ》があれば、家族を雨露《あめつゆ》から防《ふせ》ぐことができるのと同じです。ですから、ご家族が信心をしないから、一家が幸《しあわ》せにはなれないと考えるのは誤《あやま》りです。家族の幸《しあわ》せのために、入会《にゅうかい》を祈《いの》ってゆくことは大切ですが、根本《こんぽん》は、信心のすばらしさを、皆さんが身《み》をもって示《しめ》していくことといえます。皆さんが、妻として、あるいは母親として、信心に励《はげ》むにつれて立派《りっぱ》になり、元気で、聡明《そうめい》で、温《あたた》かく、思いやりにあふれた太陽のような存在《そんざい》になっていくならば、ご家族も自然《しぜん》に、仏法《ぶっぽう》に賛同《さんどう》するようになっていきます。つまり、自分がご家族から慕《した》われ、深《ふか》く信頼《しんらい》されていくことが、ご家族の学会理解《りかい》への第一歩《だいいっぽ》になっていくんです」

伸一は、仏法《ぶっぽう》は最高《さいこう》の良識《りょうしき》であることを訴《うった》えたかったのである。

✿第25巻「福光《ふっこう》」より　（93ページ11行目〜94ページ13行目）

彼は、婦人の笑顔《えがお》の大切さを訴《うった》えた。

「一家《いっか》のなかで、最《もっと》も大切な宝《たから》は、婦人の微笑《びしょう》です。夫《おっと》も、子どもも、そこから勇気を得《え》ます。希望を知《し》ります。人生には、どんな苦難《くなん》が待《ま》ち受《う》けているか、わかりません。その時に、朗《ほが》らかに微笑《ほほえ》むことのできる人こそが、本当に強《つよ》い人なんです。

『母は一家《いっか》の太陽である』と言われます。それは、どんなに大変《たいへん》な時でも、微《び》笑《しょう》の光《ひかり》で、家族を包《つつ》み込《こ》むからだと私は思う。

詩聖《しせい》タゴールは、『女性よ、あなたの笑《わら》い声《ごえ》のなかに、いのちの泉《いずみ》の妙《たえ》なる響《ひび》きがある』[(1)]と詠《うた》っているし、確《たし》か、トルストイも、母の微笑《びしょう》を讃嘆《さんたん》していました」

トルストイは、自伝小説《じでんしょうせつ》『幼年時代《ようねんじだい》』のなかで、母について、こう語っている。

「お母さまの顔はただでも美《うつく》しかったけれど、微笑《びしょう》によってそれはいっそうすばらしくなり、まるで周囲《しゅうい》のもの全体《ぜんたい》が明《あか》るくなるようであった。生涯《しょうがい》のつらく苦しいおりおりに、もしほんのちょっとでもあの笑顔《えがお》を見ることができたら、私はおそらく悲《かな》しみとはどんなものであるかをすら知《し》らなかったであろうと思う」[(2)]

仲一は、婦人たちに言った。

「微笑《ほほえ》みは、強《つよ》い心《こころ》という肥沃《ひよく》な大地《だいち》に、開《ひら》く花といえます。皆さんの快活《かいかつ》な笑顔《えがお》があれば、ご家族は、そこから勇気を得《え》て、どんな窮地《きゅうち》に立《た》たされたとしても、堂々《どうどう》と乗《の》り越《こ》えていけます。女性のこの微笑力こそ、人びとに活力《かつりょく》をもたらす源泉《げんせん》となります」

瞳《ひとみ》を輝《かがや》かせて頷《うなず》く、〝創価の母〟たちの微笑《びしょう》がまばゆかった。

（1）『タゴール詩集　迷い鳥』川名澄訳、風媒社
（2）『トルストイ全集1』中村白葉訳、河出書房新社

❋第25巻「人材城《じんざいじょう》」より　（396ページ6行目～9行目）

妻が夫《おっと》の入会《にゅうかい》を真剣《しんけん》に願《ねが》うのは、一家《いっか》の幸福を願う心《こころ》の、自然《しぜん》の発露《はつろ》であろう。しかし、信仰《しんこう》をめぐって争《あらそ》い、仲《なか》たがいすることは愚《おろ》かである。夫《おっと》に幸《しあわ》せになってほしいという原点《げんてん》に立《た》ち返《かえ》ることだ。その愛情《あいじょう》と思いやりに富《と》んだ言葉、行《こう》

為《い》をもって、夫を包《つつ》んでいくのだ。そこに仏法《ぶっぽう》がある。

✽第26巻「勇将《ゆうしょう》」より（226ページ6行目〜229ページ5行目）

香川県婦人部総会でスピーチした伸一は、親子の断絶《だんぜつ》、家族の不和《ふわ》という問題《もんだい》について語っていった。

「親子の断絶《だんぜつ》、また、家族不和《ふわ》は、決《けっ》して近年《きんねん》の現象《げんしょう》ではなく、遠《とお》い昔《むかし》から、多《おお》くの人が悩《なや》んできた問題《もんだい》です。信心していても、娘《むすめ》や息子《むすこ》、あるいはお嫁《よめ》さんとうまくいかない、夫婦仲《なか》が悪《わる》いなどといった悩みをかかえておられる方もいることと思います。

この人間関係の亀裂《きれつ》を埋《う》めていくものは、結論《けつろん》から言えば、信心しかありません。信心によって、自分の境涯《きょうがい》を開《ひら》き、生命《せいめい》を変《か》え、人間革命していく以外《いがい》にないんです。

親も、夫《おっと》も、兄弟姉妹《きょうだいしまい》も、子どもも、自分の置《お》かれた現実《げんじつ》であり、それは、宿《しゅく》縁《えん》によって結《むす》ばれているんです。その環境《かんきょう》から逃《に》げ出《だ》すわけにはいきません。

では、どうすればよいのか。人間関係がうまくいかない理由《りゆう》を、周囲《しゅうい》のせいにするのではなく、自分が変《か》わっていくことです。たとえば、母親が人間革命し、子どもさんが〝うちのお母さんは最高《さいこう》だ！〟と、心《こころ》から思うようになれば、子どもさんの母親への態度《たいど》も変《か》わり、親孝行《おやこうこう》するようになります。ご主人だって同じです。

自分を見つめず、人間革命への努力《どりょく》もなく、ただ〝子どもが悪《わる》い〟〝夫《おっと》が悪い〟と思っているうちは、事態《じたい》を打開《だかい》していくことはできません。日蓮大聖人は、『浄土《じょうど》と云《い》ひ穢土《えど》と云うも土《ど》に二《ふたつ》の隔《へだて》なし只我等《ただわれら》が心《こころ》の善悪《ぜんあく》によると見えたり』（御書三八四ページ）と仰《おお》せではないですか。仏法《ぶっぽう》の眼《まなこ》を開《ひら》くことです。

わが家《や》が、わが家族の人間関係が、和楽《わらく》の方向《ほうこう》に向《む》かい、浄土《じょうど》になっていくのか、あるいは、険悪《けんあく》の方向に向かい、穢土《えど》になっていくのかは、わが一念《いちねん》にかかっているんです。

自分を磨《みが》くために懸命《けんめい》に唱題《しょうだい》し、家族を包《つつ》み込《こ》む優《やさ》しく大きな心《こころ》、何があっても挫《くじ》けない強《つよ》い心、そして、聡明《そうめい》な英知《えいち》を培《つちか》っていくことです。最《もっと》も身近《みぢか》な家庭のなかに、幸《しあわ》せの花を咲《さ》かせていくことが、地域の広宣流布《こうせんるふ》の大きな力《ちから》となっていきます」

伸一の話は、極《きわ》めて具体的《ぐたいてき》な、婦人部へのアドバイスとなっていった。

「実《じつ》は小さなことですが、本日は電話の使用《しよう》について、一言申《ひとこともう》し上《あ》げたいと思います。

電話の使《つか》い方、かけ方は、当然《とうぜん》、本人の自由《じゆう》でありますが、とかく女性は〝長《なが》電話〟であると言われております。ある壮年は、『妻の電話が長くて困《こま》っているんです。もう少《すこ》し話を短《みじか》く、簡潔《かんけつ》にできないものか』と、ぼやいておりました。

電話で長《なが》い話をすれば、通話料《つうわりょう》も大変《たいへん》でしょうし、家族との団欒《だんらん》の時間を削《けず》ることにもなってしまう。したがって、連絡《れんらく》・報告は、できるだけ簡潔《かんけつ》に、要《よう》を得《え》たものにしていく努力《どりょく》、工夫《くふう》を心《こころ》がけるようにしてはどうでしょうか。つまり〝通話革命《つうわかくめい》〟されることを提案《ていあん》したいと思いますが、いかがでしょうか」

賛同《さんどう》の拍手《はくしゅ》が起《お》こった。

「ありがとうございます！　これで、ご主人も、子どもさんも、〝わが家《や》も、やっと幸《しあわ》せになれる〟と、喜《よろこ》ぶと思います」

笑《わら》いが広がった。

「また、勤行《ごんぎょう》についても、一つ提案《ていあん》させていただきます。夜半《やはん》に勤行し、長い唱題《しょうだい》をされている皆さんも多々《たた》いらっしゃることと思います。しかし、長い人生です。健康で、生き生きと広宣流布《こうせんるふ》に生《い》き抜《ぬ》くために、夜は十分《じゅうぶん》な休息《きゅうそく》を心《こころ》がけていただきたい。

その意味《いみ》から、可能《かのう》であるならば、夕方《ゆうがた》のうちに、できるだけ早《はや》めに勤行《ごんぎょう》するという習慣《しゅうかん》を、身《み》につけていくことも必要《ひつよう》ではないかと思います。そして夜は、一家《いっか》の和楽《わらく》のために、心触《こころふ》れ合う和《なご》やかな語らいのひと時をもつなど、有意義《ゆういぎ》に過《す》ごしていただきたい」

彼は、諸般《しょはん》の事情で一様《いちよう》にはいかないまでも、皆に、夜はできる限《かぎ》り早く休《やす》んでもらうとともに、家族との交流《こうりゅう》を大切にしてほしかったのだ。

信心を根本《こんぽん》とした健康的な生活のリズムを確立《かくりつ》することから、〝家庭革命〟の大きな前進が始《はじ》まる。そして、和楽《わらく》と幸福の光彩《こうさい》を放《はな》つ家庭は、地域社会を照《て》らす灯台《とうだい》となる。

✽第26巻「勇将《ゆうしょう》」より　（237㌻2行目〜8行目）

親から子へと、信心のバトンが確実《かくじつ》に手渡《てわた》されていってこそ、広宣流布《こうせんるふ》の流《なが》れは、永遠《えいえん》のものとなる。

なかには、子どもが信心に励《はげ》んでいないケースもあろう。しかし、焦《あせ》る必要《ひつよう》はないし、肩身《かたみ》の狭《せま》い思いをする必要もない。勝負《しょうぶ》は一生《いっしょう》である。日々《ひび》、子どもを思い、その成長《せいちょう》と幸《しあわ》せを祈《いの》り、対話を重《かさ》ねていくことだ。

また、学会の青年や未来部員を、わが子と思い、真心《まごころ》を尽《つ》くして、温《あたた》かく励《はげ》ましていくことである。その育成《いくせい》の流《なが》れが、広宣流布《こうせんるふ》の未来の大河《たいが》を形成《けいせい》していくのである。

第29巻「常楽《じょうらく》」より　（109ページ3行目～111ページ2行目）

昼の勤行会《ごんぎょうかい》で彼は、一家和楽《いっかわらく》を築《きず》く要諦《ようてい》について言及《げんきゅう》していった。

「一家《いっか》で一人《ひとり》、立派《りっぱ》な信心をしていけば、家族全員を救《すく》うことができる。信心のことで争《あらそ》うようなことがあってはなりません。

たとえば、子どもさんが信心していない場合《ばあい》もあるでしょう。たまには、毅然《きぜん》と言うことがあってもよいが、それは、深《ふか》い愛情《あいじょう》からの言動《げんどう》でなければならない。信心を勧《すす》めるのは、ご家族の幸《しあわ》せのためです。ところが、信心をめぐって諍《いさか》いが起《お》きたという人の話をよく聞《き》いてみると、自分のために信心させようとして、感情的《かんじょうてき》になってしまっている。

子を思う真心《まごころ》は、いつか必《かなら》ず通《つう》じます。子は親の思いを汲《く》み取《と》り、信心してみようかと考える時が来ます。焦《あせ》る必要《ひつよう》はありません。ともすればお母さんは、子どもに、『明日《あした》、試験《しけん》でしょ。お題目は唱《とな》えたの？　やらないから成績《せいせき》がよくならないのよ！』などと、ガミガミ、短絡的《たんらくてき》、攻撃的《こうげきてき》に言う傾向《けいこう》がある。これは慈《じ》悲《ひ》とはほど遠《とお》い。誰《だれ》だって反発《はんぱつ》しますよ」

どっと笑《わら》いが起《お》こった。

「人間は感情《かんじょう》の動物《どうぶつ》ですから、追及《ついきゅう》や命令《めいれい》ではなく、思いやりにあふれた、賢《かしこ》い言い方が大事です。たとえば、こう言うんです。

『あなたが、どう人生を歩《あゆ》んでいくかは自由《じゆう》です。でも、何があるかわからないのが人生よ。その人生を生きるうえで、私には、ただ一つ教《おし》えてあげることができる最高《さいこう》の宝《たから》がある。それが信心なの。どんなことがあっても、負《ま》けない力《ちから》を引《ひ》き出《だ》していくことができるわ。何かあったら、お題目をあげるのよ。そうすれば、必《かなら》ず乗《の》り越《こ》えられる。これだけは覚《おぼ》えておいてね』——こう語れば、子どもさんも〝そうだな〟と思うものです。

ご主人が未入会《みにゅうかい》の場合《ばあい》も、『私は、あなたと共《とも》に、永遠《えいえん》に幸《しあわ》せになり、愛し合って生きていきたいんです。だから、信心に励《はげ》んでいるし、あなたにも勧《すす》めるのよ』と言ってみてはどうですか」

自分が幹部《かんぶ》でも、家族が信心していないケースもあろう。しかし、そのことで、学会のなかで、肩身《かたみ》の狭《せま》い思いをする必要《ひつよう》はないし、確信《かくしん》を失《うしな》い、元気をなくしてしまうようなことがあってはならない。一人《ひとり》が強盛《ごうじょう》な信心に立《た》てば、一《いっ》家《か》、一族《いちぞく》を、幸福の方向《ほうこう》へと必《かなら》ず導《みちび》いていけるのが、偉大《いだい》な妙法《みょうほう》の力用《りきゆう》であるからだ。

家族が未入会《みにゅうかい》であれば、家族みんなの幸《しあわ》せを願《ねが》い、「一家和楽《いっかわらく》の信心」をめざして、真剣《しんけん》に題目を唱《とな》えていけばよい。挑戦《ちょうせん》すべき課題《かだい》があるからこそ、信心に励《はげ》む張《は》り合《あ》いも出てくる。悩《なや》みのない人生などないのだ。地涌《じゆ》の菩薩《ぼさつ》とは、苦悩《くのう》と戦《たたか》いながら、それに負《ま》けずに、広宣流布《こうせんるふ》の使命《しめい》に生《い》き抜《ぬ》く、不屈《ふくつ》なる〝歓喜《かんき》の人〟である。

学会活動

✻第22巻「波濤《はとう》」より（273ページ9行目〜277ページ2行目）

伸一は、この日、一つの提案《ていあん》をしようと思っていた。それは、夜の会合の終了時間のことであった。

「ところで、今日《きょう》は、ぜひ、皆さんに提案《ていあん》したいことがあります。現在《げんざい》、会合の開始《かいし》は午後《ごご》七時で、終了は九時になっています。しかし、私は、すべての会合は、午後八時三十分には、終《お》わるようにしてはどうかと、申《もう》し上《あ》げたい。『八・三〇運動』です。

会合が早く終《お》われば、家で勉強《べんきょう》もできる。早く休《やす》むこともできる。広宣流布《こうせんるふ》は長《なが》い戦《たたか》いです。無理《むり》が重《かさ》なり、疲《つか》れがたまれば、朝起《お》きるのも辛《つら》くなり、生活も乱《みだ》れがちになる。

また、帰宅《きたく》が遅《おそ》くなれば、両親《りょうしん》も心配《しんぱい》するし、事件《じけん》や事故《じこ》に巻《ま》き込《こ》まれないとも限《かぎ》らない。御聖訓《ごせいくん》にも『よる《夜》は用心《ようじん》きびしく』（御書一一六四ジペー）と仰《おお》せです。

それらを、総合的《そうごうてき》に考えて、会合の終了時間を、午後《ごご》八時半にしたいと思いますが、いかがでしょうか。賛成《さんせい》の人？」

一斉《いっせい》に、皆の手があがった。

伸一は、女子部、婦人部のことを思い、少《すこ》しでも帰宅《きたく》時間が早くなるようにして、負担《ふたん》を軽減《けいげん》させたいと考え続《つづ》けてきたのである。

山本伸一が提案《ていあん》した、会合の終了時間を午後《ごご》八時半とする「八・三〇運動」は、翌《よく》十日の方面長会議《ほうめんちょうかいぎ》で諮《はか》られ、決議《けつぎ》されたのである。

その夜《よ》、伸一に峯子は語った。

「あなたが提案《ていあん》された『八・三〇運動』が決議《けつぎ》されましたね。これは、大変《たいへん》な改革《かいかく》ですね。学会の時間革命に、また、一人《ひとり》ひとりの大きな価値創造《かちそうぞう》につながります。婦人部や女子部の方も安心《あんしん》できますね」

伸一は、笑顔《えがお》で頷《うなず》いた。

「そうなんだよ。『八・三〇運動』がいかに大事であるかは、後《あと》になればなるほど、よくわかるだろうね。会合を早く切《き》り上《あ》げるということは、その分《ぶん》、内容を充実《じゅうじつ》させなければいけないということだ。一瞬《いっしゅん》一瞬を、これまで以上《いじょう》に、真剣勝負《しんけんしょう》で臨《のぞ》むということだ。それが、価値《かち》を創造《そうぞう》していく原動力《げんどうりょく》になる」

伸一と峯子は、日々《ひび》、女子部や婦人部が絶対に無事故《むじこ》であるように、懸命《けんめい》に唱《しょう》題《だい》してきた。その祈《いの》りの一念《いちねん》のなかで、女性の安全《あんぜん》のために、夜の会合の終了時間を八時半にするという考えも生まれたのである。

事故《じこ》が起《お》こってしまえば、一切《いっさい》は水泡《すいほう》に帰《き》し、広宣流布《こうせんるふ》を大きく遅《おく》らせてしまうことにもなりかねない。したがって、事故《じこ》を起こさないための、事前《じぜん》の配慮《はいりょ》が大事になるのだ。

峯子が言った。

「学会は、常《つね》に女性のことを考え、女性の意見《いけん》を聞《き》き、女性を大切にしてきたから、大発展《だいはってん》してきたのだと思います。いろいろな面《めん》で、学会を支《ささ》えているのは女性ですもの」

「その通《とお》りだね。女性の力《ちから》は大きい。二十一世紀は、いかなる女性リーダーが育《そだ》つかによって、決《き》まってしまうといっても過言《かごん》ではない。私はこれから、次《つぎ》の女子部の、さらに二十一世紀の婦人部の中核《ちゅうかく》となる、人材《じんざい》の育成《いくせい》に、全力《ぜんりょく》で取《と》り組《く》もうと思っているんだよ」

「一番、大切なことですね」

峯子の顔に微笑《ほほえ》みが浮《う》かんだ。

✻第26巻「厚田《あつた》」より（107ページ2行目～12行目）

「大聖人は、『一生成仏抄《いっしょうじょうぶつしょう》』のなかで、『仏《ほとけ》の名《な》を唱《とな》え、経巻《きょうかん》を読《よ》み、華《はな》を供《そな》え、香《こう》をたくことまでも、すべて自分自身の一念《いちねん》に功徳《くどく》・善根《ぜんこん》として納《おさ》まっていくのだと、信心を起《お》こしていきなさい』（御書《ごしょ》三八三ページ、通解《つうかい》）と仰《おお》せになっています。

つまり、勤行《ごんぎょう》をはじめ、広宣流布《こうせんるふ》のための私どもの活動の一つ一つが、自身の、また一家《いっか》の、功徳《くどく》、福運《ふくうん》となり、幸《しあわ》せを築《きず》く大切な根《ね》っこになっていることを、強《つよ》く確信《かくしん》していただきたいのであります。

そして、活動に際《さい》しては、常《つね》に積極的《せっきょくてき》であることです。さらに、組織としての目標《もくひょう》だけでなく、自分個人の目標を明確《めいかく》にし、その成就《じょうじゅ》と、自身のさまざまな苦《く》悩《のう》の転換《てんかん》をかけて、祈《いの》り抜《ぬ》いて戦《たたか》っていくんです。『広布《こうふ》の勝利』は『生活の勝利』になります。『活動の歓喜《かんき》』は『人生の歓喜』になります。『学会活動が大好《だいす》きだ！』『折伏《しゃくぶく》が大好きだ！』という人の境涯《きょうがい》は、仏《ほとけ》なんです」

✻第26巻「法旗《ほうき》」より（137ジペー4行目～138ジペー12行目）

彼は、常日《つねひ》ごろから、学会の活動の一切《いっさい》を支《ささ》えてくれている婦人たちの労《ろう》を、心《こころ》からねぎらい、励《はげ》まし、諸仏《しょぶつ》を仰《あお》ぐ思いで讃《たた》えたかったのである。

ちょうど、婦人部では、一月の十日から、各県区《かくけんく》の総会《そうかい》がスタートし、今後《こんご》の活動の機軸《きじく》の一つとして、小単位《しょうたんい》の学習《がくしゅう》・懇談《こんだん》が打《う》ち出《だ》されていた。

伸一は、婦人部の代表《だいひょう》と意見交換《いけんこうかん》した折《おり》、この小単位《しょうたんい》での学習《がくしゅう》・懇談《こんだん》についての報告を聞《き》くと、即座《そくざ》に応《こた》えた。

「大事なことです。そこに、最大《さいだい》の力《ちから》を注《そそ》いでいきましょう！

何百人、何千人の人が集《つど》う大きな会合も、元気が出るし、勢《いきお》いがついていいでしょう。しかし、本当に大事なのは、小単位《しょうたんい》での、一人《ひとり》ひとりとの懇談《こんだん》です。それが、一切《いっさい》の根《ね》っこになっていくからなんです。小単位での語らいを根とするなら、大会合は、枝葉《えだは》の茂《しげ》る幹《みき》です。大会合がいかに盛《も》り上《あ》がっていても、根である小単位での語らいがしっかりできていない組織は、もろいものです。小《しょう》グループでの語らいは、一方通行《いっぽうつうこう》ではなく、皆の声《こえ》に、じっくりと耳《みみ》を傾《かたむ》けることができる。本当の悩《なや》みや疑問《ぎもん》を聞《き》き、それに答《こた》えることができます。つまり、納得《なっとく》の対話ができる。これが重要《じゅうよう》なんです。また、一個《いっこ》の人間対《たい》人間として、強《つよ》い絆《きずな》を結《むす》ぶことができる。それが心《こころ》の結合《けつごう》をつくっていきます。

学会が、初代会長《しょだいかいちょう》の牧口先生以来《いらい》、座談会を重視《じゅうし》してきたのは、対話を運動の中心《ちゅうしん》にすえてきたからなんです。牧口先生も、戸田先生も、座談会の名人《めいじん》、対話の達人《たつじん》でした」

大勢《おおぜい》の人が集《あつ》まる会合が大動脈《だいどうみゃく》であるとするならば、小単位《しょうたんい》の学習《がくしゅう》・懇談《こんだん》、そして、個人指導《しどう》は、毛細血管《もうさいけっかん》といえるかもしれない。

人体《じんたい》も、大動脈《だいどうみゃく》だけでは、体《からだ》の隅々《すみずみ》にまで血液《けつえき》を運《はこ》ぶことはできない。無数《むすう》の毛細血管《もうさいけっかん》があってこそ、温《あたた》かく、清《きよ》らかな血《ち》が流《なが》れ通《かよ》い、人は生き生きと活動することができる。

同様《どうよう》に、学会の組織にあっても、各小《かくしょう》グループなどでの懇談《こんだん》や個人指導《しどう》こそが、信心の血液《けつえき》を一人《ひとり》ひとりに送《おく》り届《とど》け、広宣流布《こうせんるふ》を支《ささ》える生命線《せいめいせん》となっていくのである。

❁第28巻「大道《だいどう》」より（141ジペー14行目〜142ジペー10行目）

「信心の基本《きほん》は、『信行学《しんぎょうがく》』です。『信』は、御本尊を信じること。『行』は、自《じ》行化他《ぎょうけた》であり、唱題《しょうだい》とともに、弘教《ぐきょう》の実践《じっせん》、広宣流布《こうせんるふ》への行動が含《ふく》まれます。『学』は、教学《きょうがく》です。

したがって、御本尊を信《しん》じ、題目を唱《とな》え、教学《きょうがく》を勉強《べんきょう》しているだけでは本当の信心ではありません。広宣流布《こうせんるふ》のための活動があってこそ、真《まこと》の信心が完結《かんけつ》するんです。

〝この人に立《た》ち上《あ》がってもらいたい〟と指導《しどう》に足《あし》を運《はこ》ぶ。〝あの人に幸《しあわ》せになってほしい〟と弘教《ぐきょう》に歩《ある》く。〝地域の広宣流布《こうせんるふ》をしよう〟と対話を重《かさ》ねる。その利《り》他《た》の実践《じっせん》に至《いた》ってこそ、真実《しんじつ》の仏法《ぶっぽう》なんです。

私生活でも、さまざまな苦悩《くのう》をかかえているうえに、広宣流布《こうせんるふ》の行動を起《お》こせば、さらに悩《なや》みを背負《せお》うことになる。辛《つら》いと感《かん》じることも、苦しいと感じることもあるでしょう。

仏法《ぶっぽう》では、娑婆世界《しゃばせかい》とは堪忍《かんにん》の世界と教《おし》えている。耐《た》え忍《しの》んで、強《つよ》く生《い》き抜《ぬ》かなくてはならない。その生命力《せいめいりょく》の源泉《げんせん》が唱題《しょうだい》です。悲《かな》しい時も、苦しい時も、嬉《うれ》しい時も、楽しい時も題目です。題目こそが、煩悩《ぼんのう》を菩提《ぼだい》へ、苦《く》を楽《らく》へと、生命を回転《かいてん》させる力《ちから》なんです」

折伏《しゃくぶく》

✻第13巻「北斗《ほくと》」より　（183ジペー6行目〜184ジペー最後）

「私は、仕事が忙《いそが》しくて休日《きゅうじつ》も取《と》れません。でも、なんとか折伏《しゃくぶく》をしたいと思っています。ところが、なかなかできないもので悩《なや》んでおります」

「人を救《すく》おうとして悩《なや》むなんて、すごいことではないですか。尊《とうと》く誇《ほこ》り高《たか》い、最高《さいこう》の悩みです。本当の慈悲《じひ》の姿《すがた》です。それ自体《じたい》、地涌《じゆ》の菩薩《ぼさつ》の悩みであり、仏《ほとけ》の悩みです」

集《つど》った同志《どうし》は、弘教《ぐきょう》を実《みの》らせようと、日々《ひび》、懸命《けんめい》に戦《たたか》っていた。それだけに、折伏《しゃくぶく》についての話《はなし》に、皆、目を輝《かがや》かせ、真剣《しんけん》な顔で聴《き》き入《い》っていた。

「折伏《しゃくぶく》を成《な》し遂《と》げる要諦《ようてい》は何か。

それは決意《けつい》です。一念《いちねん》が定《さだ》まれば、必《かなら》ず状況《じょうきょう》を開《ひら》くことができる。

折伏《しゃくぶく》は、どこでもできるんです。戸田先生は、牢獄《ろうごく》のなかでも法華経《ほけきょう》の極理《ごくり》を悟《さと》り、看守《かんしゅ》を折伏しています。まず、折伏をさせてくださいと、御本尊に懸命《けんめい》に祈《いの》り抜《ぬ》くことです。すると、そういう人が出てきます。また、ともかく、あらゆる人と仏法《ぶっぽう》の対話をしていくんです。

もちろん、信心の話《はなし》をしても、すぐに入会《にゅうかい》するとは限《かぎ》りません。それでも、粘《ねば》り強《づよ》く、交流《こうりゅう》を深《ふか》めながら、相手《あいて》の幸福《こうふく》を日々《ひび》祈《いの》り、対話を重《かさ》ねていくことです。種《たね》を蒔《ま》き、それを大切に育《そだ》て続《つづ》けていけば、いつか、必《かなら》ず花が咲《さ》き、果実《かじつ》が実《みの》ります。焦《あせ》る必要《ひつよう》はない。

さらに、入会《にゅうかい》しなくとも、ともに会合に参加《さんか》して教学《きょうがく》を勉強《べんきょう》したり、一緒《いっしょ》に勤《ごん》行《ぎょう》したりすることもよいでしょう。自然《しぜん》な広がりが大事です。

ともあれ、苦労《くろう》して弘教《ぐきょう》に励《はげ》んだ分《ぶん》は、全部《ぜんぶ》、自分の福運《ふくうん》になります。相手《あいて》が信心しようが、しまいが、成仏《じょうぶつ》の因《いん》を積《つ》んでいるんです」

皆が笑顔《えがお》で頷《うなず》いていた。伸一の話を聞《き》くうちに、安心感《あんしんかん》と勇気が湧《わ》いてくるのである。

彼は、言葉をついだ。

「また、対話してきた人を入会《にゅうかい》させることができれば、何ものにもかえがたい、最高最大《さいこうさいだい》の喜《よろこ》びではないですか。折伏《しゃくぶく》は、一人《ひと》ひとりの人間を根本《こんぽん》から救《すく》い、未来永遠《えいえん》の幸福を約束《やくそく》する、極善《ごくぜん》の実践《じっせん》です。寄付《きふ》をするとか、橋《はし》を造《つく》ったとかいうような慈善事業《じぜんじぎょう》などよりも、百千万億倍《おくばい》も優《すぐ》れた、慈悲《じひ》の行為《こうい》なんです」


❋第17巻「民衆城《みんしゅうじょう》」より（255ページ3行目〜256ページ6行目）

「ともすれば一度ぐらい話をしただけで、〝あの人はだめだ〟〝この人は無理《むり》だ〟と思い込《こ》んでしまう。でも、人の心《こころ》は刻々《こっこく》と変わる。いや、執念《しゅうねん》の対話で、断《だん》じて変《か》えていくんです。

それには自分の話し方に問題《もんだい》はないか、検討《けんとう》してみる必要《ひつよう》もあります。

たとえば、家庭不和《ふわ》で悩《なや》んでいる人に、病気《びょうき》を克服《こくふく》することができると訴《うった》えても、関心《かんしん》は示《しめ》さない。病気の人に商売《しょうばい》がうまくいくと訴えても、共感《きょうかん》はしません。相手《あいて》が納得《なっとく》できるように、いかに語るか――これも智慧《ちえ》なんです。

さらに、同志《どうし》の方々《かたがた》のなかには、友人はたくさんいるのに、確信《かくしん》も弱《よわ》く、うまく話すことができないという人もいるでしょう。そうした人と先輩《せんぱい》が組《く》んで、折《しゃく》伏《ぶく》にあたるという方法《ほうほう》もあります。

ともかく、智慧《ちえ》は、本来《ほんらい》、無尽蔵《むじんぞう》なんです。その智慧が不可能《ふかのう》を可能にするんです。そして、智慧というのは、断《だん》じて成《な》し遂《と》げようという懸命《けんめい》な一念《いちねん》から生まれます。必死《ひっし》の祈《いの》りこそが、智慧を生む母なんです」

伸一はさらに、智慧《ちえ》が湧《わ》いたら、それを行動に移《うつ》す「勇気」が不可欠《ふかけつ》であることを訴《うった》えた。

「御聖訓《ごせいくん》には『つるぎ《剣》なんども・すすまざる《不進》人のためには用《もちい》る事《こと》なし』（御書《ごしょ》一一二四㌻）と仰《おお》せです。無量《むりょう》の智慧《ちえ》をもたらす法華経《ほけきょう》という剣《つるぎ》も、臆病《おくびょう》であっては、使《つか》いこなすことはできません。

苦手《にがて》だから避《さ》けようと思う心《こころ》。仕方《しかた》ないのだと自《みずか》らの臆病《おくびょう》や怠惰《たいだ》を正当化《せいとうか》しようという心――その自分《じぶん》の弱《よわ》さに挑《いど》み、打ち勝つ勇気をもってください。そこに自身の人間革命があり、一切《いっさい》の勝利の要諦《ようてい》があります」

幸福勝利の人生

❋第2巻「錬磨《れんま》」より（98ページ1行目～99ページ12行目）

「戸田先生が事業《じぎょう》の再建《さいけん》のために苦闘《くとう》されていた時代《じだい》が、私にとっても、最《もっと》も苦しい時代でした。健康状態《じょうたい》も最悪《さいあく》であり、給料《きゅうりょう》は遅配《ちはい》が続《つづ》き、無理《むり》に無理を重《かさ》ねていました。

そして、先生とお会いしていた時に、つい弱音《よわね》を口《くち》にしてしまったことがありました。

その時、先生が、厳《きび》しく言われた言葉が忘《わす》れられません。

『伸一、信心は行き詰《づ》まりとの永遠《えいえん》の闘争《とうそう》なんだ。魔《ま》と仏《ほとけ》との闘争が信心だ。それが〝仏法《ぶっぽう》は勝負《しょうぶ》〟ということなんだ』

人生には、誰《だれ》でも行き詰《づ》まりがあります。事業《じぎょう》に行き詰まりを感《かん》じている人もいるかもしれない。夫婦《ふうふ》の関係にも、行き詰まってしまうことがあるでしょう。子育《こそだ》てでも、人間関係の面《めん》でも、あるいは、折伏《しゃくぶく》や教学《きょうがく》に励《はげ》んでいる時も、行き詰まりを感ずることがあるかもしれません。

しかし、御本尊の力《ちから》は広大無辺《こうだいむへん》であり、宇宙大《うちゅうだい》であります。ゆえに、私たちの生命《せいめい》も、無限《むげん》の可能性《かのうせい》を秘《ひ》めています。つまり、問題《もんだい》は私たちの一念《いちねん》に、行き詰《づ》まりがあるかどうかにかかっています。それを本当に自覚《じかく》した時には、既《すで》に勝利の道が開《ひら》かれているんです。

もし、行き詰《づ》まりを感《かん》じたならば、自分の弱《よわ》い心《こころ》に挑《いど》み、それを乗《の》り越《こ》えて大《だい》信力《しんりき》を奮《ふる》い起《お》こしていく。戸田先生は、それが私たちにとっての『発迹顕本《ほっしゃくけんぽん》』であると言われたことがあります。

長《なが》い人生には、信心なんかやめて、遊《あそ》んでいたいと思うこともあるでしょう。病気《びょうき》にかかってしまうこともあれば、家族の死《し》に直面《ちょくめん》し、悲《かな》しみに沈《しず》むこともあるかもしれません。それは、煩悩魔《ぼんのうま》という行き詰《づ》まりとの〝闘争《とうそう》〟であり、病魔《びょうま》という行き詰まりとの〝闘争〟であり、死魔《しま》という行き詰まりとの〝闘争〟といえます。

それを唱題《しょうだい》で乗《の》り越《こ》え、絶対的な幸福境涯《きょうがい》を開《ひら》き、最高《さいこう》に意義《いぎ》ある人生を創造《そうぞう》していくところに、仏法《ぶっぽう》の最大《さいだい》の意味《いみ》があります。

ゆえに、何か困難《こんなん》にぶつかったならば、行き詰まりとの〝闘争《とうそう》〟だ、障魔《しょうま》との〝闘争〟だ、今が勝負《しょうぶ》であると決《き》めて、自己《じこ》の宿命《しゅくめい》と戦《たたか》い、勇敢《ゆうかん》に人生行路《こうろ》を開《ひら》いていっていただきたいのであります」

婦人は、生活の最前線《さいぜんせん》で戦《たたか》う、家族の幸福の守《まも》り手でもある。伸一は、その苦《く》労《ろう》をよく知《し》っていた。それゆえに、彼女たちの胸《むね》に、勇気の松明《たいまつ》をともしておきたかったのである。

第5巻「歓喜《かんき》」より（116ページ《ペ ジ》7行目〜12行目）

自分という小さな殻《から》にこもり、自身の幸福だけを願《ねが》っていたのでは、本当の幸福をつかむことはできない。自分も、周囲《しゅうい》の人も、自他《じた》ともに幸《しあわ》せになっていってこそ、真実《しんじつ》の幸福です。ゆえに、人のため、友のために法《ほう》を説《と》き、幸福への道を教《おし》えていくことが大事になります。その慈悲《じひ》の生き方こそが仏法《ぶっぽう》であり、そこに自分の幸せもある。

どうか、自分だけの幸福をめざす人生から、人びとの幸《しあわ》せを考え、祈《いの》る、新《あら》たな人生への、力強《ちからづよ》い歩《あゆ》みを開始《かいし》していってください。

✿第16巻「入魂《にゅうこん》」より　（49ジペー1行目〜5行目）

「人生は宿命《しゅくめい》との戦《たたか》いです。そして、宿命転換《てんかん》の道は学会活動しかありません。広宣流布《こうせんるふ》のために、人びとの幸福のために、何を言われようが、いかに軽《かろ》んじられようが、語りに語り、走《はし》りに走るんです。そこに、不軽菩薩《ふきょうぼさつ》の実践《じっせん》がある。広宣流布《こうせんるふ》のために、どれだけ、大変《たいへん》な、辛《つら》い思いをしたか、汗《あせ》を流《なが》したか、悔《くや》し涙《なみだ》を流したか——それが、宿命《しゅくめい》の転換《てんかん》の力《ちから》になり、福運《ふくうん》になっていくんです」

✿第21巻「宝冠《ほうかん》」より　（356ジペー2行目〜357ジペー5行目）

「テレシコワ議長《ぎちょう》は、宇宙飛行士《うちゅうひこうし》をされながら、妻として、母《はは》として、一人二役《ひとりふたやく》、いや三役を果《は》たしてこられましたが、そのためにどのような努力《どりょく》を払《はら》われたのでしょうか」

議長《ぎちょう》は、大きく頷《うなず》きながら語った。

「妻の時は妻に専念《せんねん》し、母《はは》でいる時には母に専念し、ベストを尽《つ》くしました。そして、宇宙飛行士《うちゅうひこうし》の時には、宇宙飛行士として全力《ぜんりょく》を尽くし抜《ぬ》きました」

簡潔《かんけつ》にして、的《まと》を射《い》た答《こた》えであると、伸一は思った。

人間は、常《つね》に幾《いく》つもの課題《かだい》をかかえているものだ。大事なことは、〝すべてやり切《き》る〟と心《こころ》を定《さだ》め、その時、その時の自身の課題に専念《せんねん》し、全力《ぜんりょく》で取《と》り組《く》んでいくことである。

子どもと接《せっ》している時に仕事のことで悩《なや》み、仕事中に子どものことに心《こころ》を奪《うば》われていれば、どちらも中途半端《ちゅうとはんぱ》になってしまう。

日蓮大聖人は「一人《ひとり》の心《こころ》なれども二《ふた》つの心あれば其《そ》の心たがい《違》て成《じょう》ずる事《こと》なし」（御書一四六三㌻）と仰《おお》せである。その時々《ときどき》のテーマに集中《しゅうちゅう》し、情熱《じょうねつ》を込《こ》め、全力《ぜんりょく》を出《だ》し切《き》っていくこと、そして、クヨクヨせず、常《つね》に朗《ほが》らかに前を見《み》つめていくことが、何役《なんやく》もの役割《やくわり》を果《は》たしていく秘訣《ひけつ》といえよう。

テレシコワ議長《ぎちょう》は、母親の教育《きょういく》に話《はなし》が及《およ》んだ時、しみじみとした口調《くちょう》で語った。

「私も母がいたからこそ、今の私があるのだと、心《こころ》の底《そこ》から思います」

感謝の心《こころ》がある人は謙虚《けんきょ》である。そして、感謝の心が、自身の向上《こうじょう》の力《ちから》となる。

伸一は、組織と組織の交流《こうりゅう》ではなく、人間と人間の心《こころ》の触《ふ》れ合う会談《かいだん》にしたかった。同《おな》じ人間として、共鳴《きょうめい》、共感《きょうかん》し合うことが、相互理解《そうごりかい》の第一歩《だいいっぽ》となるからだ。

✻第22巻「潮流《ちょうりゅう》」より

（106ジペー6行目～108ジペー8行目）

『信心は一人前《いちにんまえ》、仕事は三人前』やりなさいと、戸田先生は言われた。それが学会員の生き方です。また、大聖人は『御《おん》みやづかい《仕官》を法華経《ほけきょう》とをぼしめせ』（御書一二九五ジペー）と仰《おお》せになっている。自分の仕事を法華経の修行《しゅぎょう》であると思って、全力《ぜんりょく》で取《と》り組《く》みなさいと言われているんです。職場《しょくば》の第一人者《だいいちにんしゃ》となり、信頼《しんらい》を勝《か》ち得《え》ながら、信心に励《はげ》んでいくなかに、自身の成長《せいちょう》があるんです。私もそうしてきました。連日《れんじつ》のように深夜《しんや》まで働《はたら》きに働き、戸田先生の会社《かいしゃ》を支《ささ》えてきたんです。

（中略）

職場《しょくば》にあっても、学会員ならば、誰《だれ》よりも懸命《けんめい》に働《はたら》き、そして、能率《のうりつ》を上げ、よい仕事をするために、研究《けんきゅう》、工夫《くふう》していくことです。そのための強《つよ》い生命力《せいめいりょく》と智慧《ちえ》を涌現《ゆげん》していくのが信心であり、唱題《しょうだい》なんです。

仕事である限《かぎ》り、大変《たいへん》な労働《ろうどう》もあれば、人間関係の問題《もんだい》など、苦労《くろう》もたくさんあるでしょう。しかし、職場《しょくば》は自分《じぶん》を磨《みが》く人間修行《しゅぎょう》の場であるととらえることです。

そこで頑張《がんば》り抜《ぬ》いて、職場《しょくば》の第一人者《だいいちにんしゃ》になり、周囲《しゅうい》の人びとの信頼《しんらい》を勝ち取《と》っていくことが大事なんです。その結果《けっか》として、会社《かいしゃ》での実績《じっせき》、評価《ひょうか》も向上《こうじょう》し、給料《きゅうりょう》も上がっていく。そうなれば、自分のいる職場が最高《さいこう》の職場であると思えるようになります。

また、毎朝の勤行《ごんぎょう》では、〝今日《きょう》も最高《さいこう》の仕事をし、職場《しょくば》の勝利者となり、信心の力《ちから》を証明《しょうめい》してまいります〟と、決意《けつい》の祈《いの》りを捧《ささ》げるんです。それによって、自身の最大《さいだい》の力と智慧《ちえ》を発揮《はっき》していくことができます。

第26巻「法旗《ほうき》」より（141ジペー4行目～143ジペー5行目）

「試練《しれん》に次《つ》ぐ試練、涙《なみだ》また涙というのが、現実《げんじつ》の社会といえます。そのなかで人生に勝利していくには、唱題《しょうだい》しかありません。

信心強《つよ》き人とは、何があっても〝題目を唱《とな》えよう〟と、御本尊に向《む》かえる人です。その持続《じぞく》の一念《いちねん》が強ければ強《つよ》いほど、磁石《じしゃく》が鉄《てつ》を吸《す》い寄《よ》せるように福運《ふくうん》がついていきます」

語るにつれて、伸一の言葉は、勢《いきお》いづいていった。

「次《つぎ》に、御本尊の力《ちから》を実感《じっかん》していくうえでも、祈念《きねん》は具体的《ぐたいてき》でなければならないということです。また、日々《ひび》、唱題《しょうだい》の目標《もくひょう》を決《き》めて、挑戦《ちょうせん》していくこともいいでしょう。祈《いの》りは必《かなら》ず叶《かな》います。すると、それが歓喜《かんき》となり、確信《かくしん》となり、さらに信心が強《つよ》まっていきます。

また、たとえ、すぐに願《ねが》いは叶《かな》わなくとも、冥益《みょうやく》となって、時とともに所願満足《しょがんまんぞく》の境涯《きょうがい》になることを確信《かくしん》していただきたい」

彼は〝皆、必《かなら》ず幸《しあわ》せになってほしい。人生に勝利してほしい〟と思うと、次々《つぎつぎ》にアドバイスが口《くち》をついて出るのである。

「幸福を築《きず》いていくには、学会の組織のなかで、同志《どうし》と共《とも》に生《い》き抜《ぬ》いていくことです。学会は、現代の和合僧団《わごうそうだん》です。

一人立《ひとりた》つことは大事です。誰《だれ》かがやってくれるだろうという心《こころ》では、広宣流布《こうせんるふ》の道は切《き》り開《ひら》けないからです。しかし、独《ひと》りぼっちになってはいけません。御書には、『甲斐無《かいな》き者《もの》なれども・たすくる者強《つよ》ければたうれず、すこし健《けなげ》の者も独《ひとり》なれば悪《あ》しきみちには・たうれぬ』（一四六八㌻）とあります。信心の成長《せいちょう》は、善《ぜん》知識《ちしき》となる先輩《せんぱい》、同志《どうし》とスクラムを組《く》み、互《たが》いに触発《しょくはつ》し合っていく団結《だんけつ》の輪《わ》のなかにあることを、忘《わす》れないでください」

（中略）

そして、伸一は、こう話を結《むす》んだ。

「先行《さきゆ》きの見えぬ社会であり、人びとの不安《ふあん》は広がり、何が起《お》こるかわからない時代《じだい》の様相《ようそう》を呈《てい》しています。しかし、強盛《ごうじょう》な祈《いの》りがあれば、何があっても、必《かなら》ず変毒為薬《へんどくいやく》していくことができる。信仰《しんこう》とは無限《むげん》の力《ちから》です。無限の希望です。仏法《ぶっぽう》に行き詰《づ》まりはないことを確信《かくしん》して、新《あたら》しい船出《ふなで》を開始《かいし》しましょう」

❋第27巻「激闘《げきとう》」より　（312ページ11行目～314ページ11行目）

「性格《せいかく》は、信心しても変《か》わらないと聞《き》きましたが、本当にそうなんでしょうか」

質問《しつもん》した婦人は、おそらく、自分の性格《せいかく》のことで悩《なや》んでいたにちがいない。

山本伸一は大きく頷《うなず》くと、包《つつ》み込《こ》むような笑《え》みを浮《う》かべて語り始《はじ》めた。

「性格《せいかく》について、仏法《ぶっぽう》では〝後世《ごせ》まで変《か》わらないのが性分《しょうぶん》である〟ととらえています。

つまり、その人のもって生まれた性格自体《せいかくじたい》は、変《か》わらないということです。たとえば、細《こま》かいことを気《き》にする人がいます。そういう性格《せいかく》の人は、人に何かひとこと言われただけで、不安《ふあん》になったり、傷《きず》ついたりしてしまいがちです。また、他人《たにん》の小さな欠点《けってん》が気になって仕方《しかた》がない。そして、結局《けっきょく》、日々《ひび》、悶々《もんもん》としながら過《す》ごすことになってしまう。では、その人が信心に励《はげ》み、人間革命していくと、どうなるのか。

細心《さいしん》であるという性格《せいかく》は変《か》わりません。しかし、人に言われたひとことを真摯《しんし》に受《う》けとめ、自分を向上《こうじょう》させる糧《かて》にしていくようになります。また、他人《たにん》の小さな欠点《けってん》に気《き》づくことは同《おな》じですが、その欠点を自分はどうやって補《おぎな》ってあげられるかという心配《こころくば》りができるようになる。さらに、他人の長所《ちょうしょ》にも気づくようになります。

細《こま》かいことが気《き》になる人は、こまやかな気遣《きづか》い、配慮《はいりょ》ができるということです。その能力《のうりょく》が最大《さいだい》に発揮《はっき》されることになるんです。

よく戸田先生は、こんな譬《たと》えを引《ひ》かれていました。

――川がある。川幅《かわはば》や流《なが》れの形《かたち》は、基本的《きほんてき》には変《か》わらない。これが性格《せいかく》である。しかし、泥水《どろみず》が流れ、飲《の》むこともできなかった川の水を、清浄極《せいじょうきわ》まりない水に変えることができる。これが信心の力《ちから》であり、人間革命ということである。

自分の性格《せいかく》というのは、いわば個性《こせい》です。そこに自分らしさもある。その自分のまま、桜《さくら》は桜、梅《うめ》は梅、桃《もも》は桃、李《すもも》は李として、それぞれが自分の個性を最大《さいだい》に生かしながら、最高《さいこう》の人生を歩《あゆ》んでいけるのが、日蓮大聖人の仏法《ぶっぽう》なんです」

伸一は、質問《しつもん》した婦人に視線《しせん》を注《そそ》ぎながら、「おわかりになりますね」と、確《かく》認《にん》した。婦人が頷《うなず》くのを見て、言葉をついだ。

「自分の性格《せいかく》は、大事な自分の個性《こせい》ですから、人と比《くら》べて卑下《ひげ》したり、羨《うらや》ましがったりする必要《ひつよう》はないんです。

梅《うめ》は桜《さくら》になることはできないし、桜も梅になることはできません。大切なことは、自分は自分らしく、光《ひか》り輝《かがや》いていくことです。信心を貫《つらぬ》き通《とお》していくならば、人が真似《まね》ることのできない、自分らしい最高《さいこう》の魅力《みりょく》を発揮《はっき》していくことができるんです」

「はい。わかりました！」

婦人は、明《あか》るく、元気な声《こえ》で答《こた》えた。

✿第27巻「求道《きゅうどう》」より　（381ジペー4行目〜382ジペー3行目）

「ご主人を亡《な》くされ、なかなか悲《かな》しみは拭《ぬぐ》えないかもしれません。しかし、強《つよ》い心《こころ》で生きることです。人は、愛別離苦《あいべつりく》という苦しみを避《さ》けることはできない。でも、あなたの心の中に、ご主人は永遠《えいえん》に生き続《つづ》けます。

そして、そのご主人が、どんな自分を見れば喜《よろこ》んでくれるかを、考えてください。

――嘆《なげ》き悲《かな》しみ、落胆《らくたん》し、涙《なみだ》を拭《ぬぐ》い続《つづ》けている自分なのか。それとも、太陽に向《む》かって顔を上《あ》げ、ご主人の分《ぶん》まで、広宣流布《こうせんるふ》に生き抜《い》《ぬ》こうとしている自分なのか。

あなたがめそめそしていれば、ご主人も悲《かな》しみます。しかし、悲しみの淵《ふち》から立《た》ち上《あ》がり、満面《まんめん》に笑《え》みを浮《う》かべ、広布《こうふ》に走《はし》る時、ご主人は喜《よろこ》びの涙《なみだ》で眼《まなこ》を潤《うる》ませるでしょう。〝頑張《がんば》っているな！　偉《えら》いぞ！〟と喝采《かっさい》を送《おく》るでしょう。それが、ご主人への追善《ついぜん》となるんです。強《つよ》く、強く生きるんですよ。

信心して亡《な》くなった方は、すぐに、この世《よ》に人間として生まれて、広宣流布《こうせんるふ》の使命《しめい》に生きると、日蓮大聖人は教《おし》えられているんです。既《すで》に、ご主人は、身近《みぢか》なところに誕生《たんじょう》しているかもしれませんよ」

彼女は、微笑《ほほえ》みを浮《う》かべ、頷《うなず》いた。

「では、広間《ひろま》で、ご主人への追善《ついぜん》の勤行《ごんぎょう》をしましょう」

人材育成《じんざいいくせい》

✿第4巻「春嵐《しゅんらん》」より　（23ページ9行目〜12行目）

人間《にんげん》は、たった一言《ひとこと》の言葉で、悩《なや》むこともあれば、傷《きず》つくこともある。また安《やす》らぎも感《かん》じれば、勇気を奮《ふる》い起《お》こしもする。ゆえに、言葉が大事になる。言葉への気遣《きづか》いは、人間としての配慮《はいりょ》の深《ふか》さにほかならない。友に〝希望《きぼう》の言葉〟〝勇気の言葉〟〝励《はげ》ましの言葉〟〝正義の言葉〟を発《はっ》し続《つづ》け、深《ふか》き信仰《しんこう》へと導《みちび》く人こそ、まことの仏《ほとけ》の使《つか》いの姿《すがた》といえよう。

✿第22巻「波濤《はとう》」より　（282ページ15行目〜283ページ5行目）

人材《じんざい》を探《さが》し出すんだよ。人材を見つけるということは、自分の眼《まなこ》、境涯《きょうがい》が試《ため》されることでもある。

たとえば、地上《ちじょう》から大山《たいざん》を見上《みあ》げても、その高《たか》さはよくわからない。しかし、高いところから見れば、よくわかる。同じように、自分に、人材《じんざい》を見極《みきわ》める目がなく、境涯《きょうがい》が低《ひく》ければ、相手《あいて》のすばらしさを見抜《みぬ》くことができない。だから、自分を見つめ、唱題《しょうだい》し、境涯を高《たか》めていくことだ。

✿第22巻「波濤《はとう》」より　（284ジ《ペー》3行目～5行目）

人材《じんざい》を見つけようとすることは、人の長所《ちょうしょ》を見抜《みぬ》く力《ちから》を磨《みが》くことだ。それには、自身の慢心《まんしん》を打《う》ち破《やぶ》り、万人《ばんにん》から学《まな》ぼうとする、謙虚《けんきょ》な心《こころ》がなければならない。まさに、人間革命の戦《たたか》いであるといってよい。

✿第25巻「人材城《じんざいじょう》」より（321ページ14行目〜322ページ10行目）

「皆さんは、新時代《しんじだい》のリーダーです。したがって、皆さんに、新《あたら》しい時代の、新しい幹部像《かんぶぞう》をつくっていってほしいんです。

これまで、幹部《かんぶ》というと、〝号令《ごうれい》をかける人〟との印象《いんしょう》があったかもしれない。しかし、これからは、そうではありません。活動を発表《はっぴょう》するだけでなく、〝自《みずか》ら率先垂範《そっせんすいはん》で、何をすべきかを示《しめ》していく人〟が、新時代《しんじだい》のリーダーです。

たとえば、みんなに『仏法《ぶっぽう》対話をしましょう』と訴《うった》えて終《お》わるのではなく、自分が真《ま》っ先《さき》に行動を起《お》こして、『こうやって実践《じっせん》しています』と語っていくことが重要《じゅうよう》なんです。

失敗《しっぱい》も語ってください。結果《けっか》は実《みの》っていなくとも、挑戦《ちょうせん》の苦闘《くとう》と喜《よろこ》びを、ありのままに語り、頑張《がんば》り続《つづ》けていくという決意《けつい》をぶつけていくんです。

そうすれば皆が、〝それなら、私にだってできる。私も挑戦《ちょうせん》しよう〟という思いをいだいていきます。一生懸命《いっしょうけんめい》で、健気《けなげ》な姿勢《しせい》に、人は、世代《せだい》を超《こ》えて共感《きょうかん》するんです。ありのままの自分、等身大《とうしんだい》の自分でいいんです」

報恩《ほうおん》の道

✿第10巻「桂冠《けいかん》」より（302ジペ－15行目～306ジペ－1行目）

「あなたが癌《がん》の宣告《せんこく》を受けたことも、仏法《ぶっぽう》の眼《まなこ》から見れば、深《ふか》い意味《いみ》があるんです。

大聖人は『病《やまい》によりて道心《どうしん》はをこり候《そうろう》なり』（御書一四八〇ジペ－）と仰《おお》せになっているが、病にかかったことも、あなたが強《つよ》い信心を奮《ふる》い起《お》こしていくための、御《ご》仏意《ぶっち》といえます。

病《やまい》を、信心の向上《こうじょう》の飛躍台《ひやくだい》にしていくのが、仏法者《ぶっぽうしゃ》の生き方です。今こそ、〝わが人生は、広布《こうふ》にあり〟〝広布のために生《い》き抜《ぬ》くぞ〟と決めて、信心で立ち上がるんです。

あなたが重《おも》い病《やまい》で苦《くる》しむということは、使命《しめい》もまた、それだけ深《ふか》いということなんです。病苦《びょうく》が深ければ深いほど、それを克服《こくふく》すれば、仏法《ぶっぽう》の偉大《いだい》なる功力《くりき》を証明《しょうめい》することができ、広宣流布《こうせんるふ》の大きな力《ちから》となるではないですか。

あなたは、そのために、さまざまな宿業《しゅくごう》をつくり、病苦《びょうく》を背負《せお》って、地涌《じゆ》の菩薩《さつ》として出現《しゅつげん》したんです。だから、病《やまい》を乗《の》り越《こ》えられないわけがありません！」


（中略）


「強盛《ごうじょう》に信心に励《はげ》んでいくならば、持病《じびょう》があっても、必《かなら》ず希望に満《み》ちあふれた、最高《さいこう》に幸福で、充実《じゅうじつ》した人生が歩《あゆ》めます。御書には、『南無妙法蓮華経《なんみょうほうれんげきょう》は師子吼《ししく》の如《ごと》し・いかなる病《やまい》さはり《障》をなすべきや』（一一二四ページ）と仰《おお》せです。南無妙法蓮華経は師子吼です。その声《こえ》を聞《き》けば、どんなに獰猛《どうもう》な動物も逃《に》げ出《だ》すように、いかなる病も、幸福への、また、広宣流布《こうせんるふ》への障害《しょうがい》にはなりません。

現代人《げんだいじん》は、みんな〝半《はん》健康〟であるといわれるぐらい、なんらかの病気《びょうき》をかかえているし、年齢《ねんれい》とともに、体《からだ》も弱《よわ》っていきます。

では、病気《びょうき》だから不幸《ふこう》なのか。決《けっ》して、そうではない。病《やまい》に負《ま》けて、希望を失《うしな》ってしまうから不幸なんです。広布《こうふ》の使命《しめい》を忘《わす》れてしまうから不幸なんです。

体《からだ》は健康でも、精神《せいしん》が不健康で、不幸《ふこう》な人は、たくさんいます。反対《はんたい》に、病気《びょうき》をかかえたり、体が不自由《ふじゆう》であっても、自《みずか》らも幸福を満喫《まんきつ》し、人をも幸福にしている同志《どうし》もいる。

生命《せいめい》の根源《こんげん》においては、健康と病気《びょうき》は、本来《ほんらい》、一体《いったい》であり、〝健病不二《けんびょうふに》〟なんです。ある時は、健康な状態《じょうたい》として現《あらわ》れることもあれば、ある時は病気の状態となって現《あらわ》れることもある。この両者《りょうしゃ》は、互《たが》いに関連《かんれん》し合《あ》っているがゆえに、信心に励《はげ》み、病気と闘《たたか》うことによって、心身《しんしん》ともに、真実《しんじつ》の健康を確立《かくりつ》していくことができるんです」

✿第16巻「入魂《にゅうこん》」より　（69ペ－ジ10行目～72ペ－ジ2行目）

「創価学会が世界《せかい》に誇《ほこ》る最高《さいこう》の宝《たから》は何か。婦人部です。これほど、清《きよ》らかで強《つよ》く、民衆《みんしゅう》の幸福のために働《はたら》く、正義の集《つど》いはありません。

一家《いっか》の太陽であり、広布《こうふ》の太陽である婦人部の皆さんの手で、沖縄《おきなわ》の幸福を築《きず》くために、断固《だんこ》、勝利してください。母の勝利は民衆《みんしゅう》の勝利です」

また、高齢者《こうれいしゃ》の姿《すがた》を見ると、手を握《にぎ》り締《し》めながら語った。

「わざわざおいでくださり、ご苦労様《くろうさま》です。お体《からだ》は大丈夫《だいじょうぶ》ですか」

「はい。目が少《すこ》しかすむことと、耳《みみ》が遠《とお》くなってきていますが、元気いっぱいですよ。

年をとれば、足腰《あしこし》が弱《よわ》くなったり、どこか調子《ちょうし》が悪《わる》くなるのは、あたりまえです。長年《ながねん》、使《つか》ってきたのですから。

でも、『それを理由《りゆう》に信心を休《やす》んだら、一生成仏《いっしょうじょうぶつ》はない。負《ま》けだ』と、年寄《としよ》り同士《どうし》で話し合っております。私たちにも、広宣流布《こうせんるふ》の活動はいくらでもできます」

伸一は感嘆《かんたん》した。

「立派《りっぱ》です。おっしゃる通《とお》りです。信心には、〝卒業《そつぎょう》〟もなければ〝定年《ていねん》〟もありません。生きるということは、戦《たたか》うということなんです」

彼は、高齢《こうれい》でありながら、健気《けなげ》に信心に取《と》り組《く》む沖縄《おきなわ》の同志《どうし》たちの姿《すがた》に、自《みずか》らも、ますます闘魂《とうこん》が燃《も》え盛《さか》るのを感《かん》じた。

「年齢《ねんれい》を重《かさ》ねられた方の力《ちから》は大きい。人生経験《けいけん》を重ねられた分《ぶん》、生き方の根本《こんぽん》的《てき》な知恵《ちえ》をお持《も》ちです。また、人脈《じんみゃく》や人間関係も広い。その方々《かたがた》が広宣流布《こうせんるふ》のために、本気《ほんき》になって頑張《がんば》るならば、若《わか》い人たちの、何倍《なんばい》もの力《ちから》が発揮《はっき》できます。人生で縁《えん》した人には、すべて仏法《ぶっぽう》を伝《つた》え抜《ぬ》いていこうとの決意《けつい》で、やろうじゃありませんか」

老婦人《ろうふじん》は、「ええ、ええ、頑張《がんば》り……」と言いかけて、声《こえ》がかすれた。

すかさず伸一は、「これをお飲《の》みください」と言って、自分のために用意《ようい》されていたグラスの水を、老婦人《ろうふじん》に差《さ》し出《だ》すのであった。

仲一は、合掌《がっしょう》する思いで語った。

「尊《とうと》いことです。お体《からだ》を大切にしながら、頑張《がんば》ってください。大聖人は、『譬《たと》えば鎌倉《かまくら》より京《きょう》へは十二日の道なり、それを十一日余《あま》り歩《あゆみ》をはこびて今一日《いちにち》に成《な》りて歩をさしをきては何として都《みやこ》の月《つき》をば詠《なが》め候《そうろう》べき』（御書一四四〇ジペー）と仰《おお》せです。

自身の一生成仏《いっしょうじょうぶつ》のためには、最後《さいご》の最後の瞬間《しゅんかん》まで、絶対に信心の歩《あゆ》みを止《と》めてはならないとの御指導《ごしどう》です。地涌《じゆ》の菩薩《ぼさつ》である私たちが、この世《よ》に生《せい》を受けた意味《いみ》は、広宣流布《こうせんるふ》のため、人びとの幸福と社会の繁栄《はんえい》のために、行動し続《つづ》けるためなんです」

多くの参加者《さんかしゃ》が〝そうだ！〟と心《こころ》から賛同《さんどう》し、大きく頷《うなず》いていた。

「牧口先生は、高齢《こうれい》の身《み》で、牢獄《ろうごく》にあっても戦《たたか》い続け、仏法《ぶっぽう》の正義を叫《さけ》び抜《ぬ》かれました。

私も、牧口先生のように、七十になろうが、八十になろうが、命《いのち》ある限《かぎ》り、動《うご》きに動きます。語りに語ります。書《か》きに書き、叫《さけ》びに叫びます。足腰《あしこし》が立たなくなっても、正義を書《か》きつづる手がありますます。手が動かなくなっても、仏法《ぶっぽう》を語る口《くち》があります。また、御本尊を見つめ、御書を拝《はい》する目がありますます。命《いのち》の尽《つ》きる瞬間《しゅんかん》まで、這《は》ってでも、戦《たたか》って、戦って、戦って、戦い抜《ぬ》いていきます。私は、その決意です。見ていてください。そこに、仏道《ぶつどう》が、わが人生の完勝《かんしょう》があるからです」

第22巻「波濤《はとう》」より（292ジペ-1行目〜294ジペ-11行目）

「まず、副役職者《ふくやくしょくしゃ》の観点《かんてん》から、根本姿勢《こんぽんしせい》を述《の》べておきます。それは、正《せい》役職ではないからといって、遠慮《えんりょ》し、活動に消極的《しょうきょくてき》になったり、組織から遠《とお》ざかるようなことがあっては、絶対にならないということです。組織から離《はな》れると、責任《せきにん》がなくなってしまう。広宣流布《こうせんるふ》の責任を、どこまで担《にな》っているかが、信心のバロメーターです。

組織を離《はな》れれば、自由《じゆう》でいいように思えるかもしれないが、自分を磨《みが》き、人間革命し、大きく進歩《しんぽ》、成長《せいちょう》していく場《ば》を失《うしな》ってしまうことになります。組織につき切《き》って戦《たたか》い抜《ぬ》いた人と、離れていった人とでは、二年、三年、五年とたった時に、その差《さ》は歴然《れきぜん》と現《あらわ》れます。組織を離れていった人は、後《あと》になって、必《かなら》ず悔《く》やむことでしょう」

釈尊《しゃくそん》も、僧伽《そうぎゃ》（サンガ）と呼《よ》ばれる仏道修行《ぶつどうしゅぎょう》に励《はげ》む人びとの集団《しゅうだん》を大事にした。仏法《ぶっぽう》では、この僧伽を三宝《さんぼう》の一つとしている。人間と人間の絆《きずな》、即《すなわ》ち組織のなかにこそ、仏道修行のための切磋琢磨《せっさたくま》があり、それによって、教《おし》えの流布《るふ》も可能《かのう》となるからだ。

伸一の声《こえ》に、力《ちから》がこもった。

「戸田先生は『創価学会仏《ぶつ》』と言われた。末法万年《まっぽうまんねん》の広宣流布《こうせんるふ》のために、大聖人の御遺志《ごいし》を受《う》け継《つ》いで出現《しゅつげん》したのが創価学会です。だから、先生は、学会の組織は、ご自身の命《いのち》よりも大事であると語られている。

副役職《ふくやくしょく》の人のなかには、仕事《しごと》など、さまざまな事情《じじょう》で、思うように活動の時間を取《と》れない人もいるでしょう。たとえ、時間的《てき》には制約《せいやく》があったとしても、戦《たたか》う一念《いちねん》は、一歩《いっぽ》たりとも退《しりぞ》いてはならない」

山本伸一は、それから、正役職者《せいやくしょくしゃ》が、副《ふく》役職者に、どう対応《たいおう》すべきかを語っていった。

「正役職《せいやくしょく》の人は、副《ふく》役職の人が、遠慮《えんりょ》して力《ちから》が発揮《はっき》できなかったり、寂《さび》しさを感《かん》じたりすることがないように、しっかり抱《だ》きかかえる思いで、スクラムを組《く》むことです。

ともすれば、部長《ぶちょう》の場合《ばあい》だと、大《だい》ブロック長《ちょう》（後《のち》の地区リーダー）と連携《れんけい》を取《と》っていれば、いいつもりになってしまいがちです。しかし、それだけでは駄目《だめ》です。副《ふく》部長との団結《だんけつ》こそが、組織を重厚《じゅうこう》にし、何があっても崩《くず》れない万全《ばんぜん》な態勢《たいせい》をつくる力《ちから》になります。

正役職者《せいやくしょくしゃ》は、常《つね》に副《ふく》役職者と話し合い、自分と同じ決意《けつい》、同じ自覚《じかく》に立《た》てるようにしていかなくてはならない。それには、まず、情報《じょうほう》を共有《きょうゆう》し合い、副役職の人の意見《いけん》をよく聞《き》き、動きやすいようにしてあげることです。

何かの部門《ぶもん》を、担当《たんとう》してもらうこともいいでしょう。でも、最終的《さいしゅうてき》には、責任《せきにん》は、部長《ぶちょう》である自分が取《と》ることです」

伸一は、組織論の要諦《ようてい》を、未来の指導者《しどうしゃ》となる彼女たちに、しっかりと語っておかなければならないと思った。

「部長《ぶちょう》など、正役職者《せいやくしょくしゃ》は、どんなに忙《いそが》しくても、副《ふく》役職の人を大事にし、決《けっ》して突《つ》っぱねたりせずに、包容《ほうよう》していくことです。たとえ相手《あいて》が、自分より年長《ねんちょう》であっても、親が子どもに慈愛《じあい》を注《そそ》ぐように、包《つつ》み込《こ》んでいくんです。その包容力《ほうようりょく》が、正役職者にとって、最《もっと》も大切な要件《ようけん》です」

組織の強《つよ》さというのは、正役職者《せいやくしょくしゃ》と副《ふく》役職者との、連携《れんけい》、協力《きょうりょく》によって決《き》まってしまうといってよい。

正役職者《せいやくしょくしゃ》が、一人《ひとり》で、すべてをやっていれば、いつか疲《つか》れて、行き詰《づ》まってしまう。正役職者と心《こころ》を合《あ》わせて働《はたら》いてくれる副《ふく》役職者が、何人もいれば、活動も、より重層的《じゅうそうてき》になる。

組織の団結《だんけつ》とは、まず、この正《せい》・副《ふく》の団結から始《はじ》まる。そこから、異体同心《いたいどうしん》の連帯《れんたい》が広がり、難攻不落《なんこうふらく》の城《しろ》の石垣《いしがき》のように、堅固《けんご》にして盤石《ばんじゃく》な組織が出来上《できあ》がるのだ。

✿第29巻「常楽《じょうらく》」より（83ページ14行目～84ページ12行目）

多くの人は、年を取《と》れば、組織の正役職《せいやくしょく》を若《わか》い世代《せだい》に譲《ゆず》ることになる。それは、組織を活性化《かっせいか》させるうえでも大切なことである。

しかし、役職《やくしょく》を交代《こうたい》したからといって、〝あとは若《わか》い世代《せだい》が頑張《がんば》ればよい〟と考《かんが》え、学会活動に情熱《じょうねつ》を燃《も》やせなくなってしまうならば、それは己心《こしん》の魔《ま》に負《ま》けている姿《すがた》であろう。

いかなる立場《たちば》になろうが、組織の中心者《ちゅうしんしゃ》と心《こころ》を合《あ》わせ、広宣流布《こうせんるふ》のために、自分のなすべきことを見つけ、創造《そうぞう》し、そして行動していくのだ。「さあ、これからが本番《ほんばん》だ！」と、〝いよいよ〟の決意《けつい》で、新《あたら》しき挑戦《ちょうせん》を重《かさ》ねていくのだ。それが〝創価の心〟である。

年齢《ねんれい》とともに時間的なゆとりも生《しょう》じよう。個人指導《しどう》や仏法《ぶっぽう》対話、地域友好《ゆうこう》・貢《こう》献《けん》にも、より多くの時間を費《つい》やすことができる。

また、失敗《しっぱい》も含《ふく》め、積《つ》み重《かさ》ねてきた豊《ゆた》かな人生経験《けいけん》は、人びとを励《はげ》ますうえでも、仏法《ぶっぽう》を語るうえでも、大きな力《ちから》となる。人生のすべてが生かせるのが信心なのである。

たとえ足腰《あしこし》の自由《じゆう》が利《き》かなくなったとしても、電話や手紙などで人を励《はげ》ますことはできる。さらに、皆の幸《しあわ》せを願《ねが》って唱題《しょうだい》することもできる。決《けっ》して無理《むり》をする必要《ひつよう》はない。大事なことは、戦《たたか》う心《こころ》を忘《わす》れないことだ。

✿第29巻「常楽《じょうらく》」より（86ページ1行目～87ページ4行目）

日本の未来を思い描《えが》く時、未曾有《みぞう》の高齢《こうれい》社会が訪《おとず》れる。人びとが幸《しあわ》せな晩年《ばんねん》を送《おく》っていくためには、年金《ねんきん》や就労《しゅうろう》、介護《かいご》などの問題《もんだい》とともに、各人《かくじん》が、いかなる人生観《かん》、死生《しせい》観をもって、生き生きと創造的《そうぞうてき》に日々《ひび》を過《す》ごしていくかが、重要《じゅうよう》なテーマとなる。つまり、人間《にんげん》の心《こころ》の在《あ》り方が問《と》われるのだ。仏法《ぶっぽう》という生命《せいめい》の法《ほう》理《り》を人生の哲学《てつがく》として、友のため、地域のために、はつらつと汗《あせ》を流《なが》す信心の先《せん》輩《ぱい》たちの姿《すがた》は、老後《ろうご》の生き方の模範《もはん》を示《しめ》すものとなろう。

伸一は、人生の年輪《ねんりん》を刻《きざ》んできた同志《とも》に、信心の見事《みごと》な実証《じっしょう》を示《しめ》してほしかった。

晩年《ばんねん》における最高最大《さいこうさいだい》の信心の実証《じっしょう》とは何か——財力《ざいりょく》や地位《ちい》、名誉等《めいよとう》ではない。ありのままの人間としての人格《じんかく》の輝《かがや》きにある。

皆を包《つつ》み込《こ》む温《あたた》かさ、人を思いやる心《こころ》、大《おお》いなる理想《りそう》への不屈《ふくつ》の信念《しんねん》、飽《あ》くなき向上心《こうじょうしん》――それらが育《はぐく》む精神《せいしん》の光彩《こうさい》こそが、人格《じんかく》の輝《かがや》きといってよい。

それは、紅葉《こうよう》の美《び》に似《に》ているかもしれない。木々《きぎ》は、深雪《みゆき》に耐《た》えて芽《め》を出し、やがて、天高《てんたか》く伸《の》びよう伸びようと枝《えだ》を張《は》り、葉《は》をつけ、灼熱《しゃくねつ》の太陽に自《みずか》らを鍛《きた》える。やがて、その帰結《きけつ》が炎《ほのお》の紅葉となる。そして、葉が落《お》ちる瞬間《しゅんかん》まで、自身を赤々《あかあか》と燃《も》やす。見る人に幸《しあわ》せを送《おく》ろうとするかのように。紅葉は人生の晩年《ばんねん》の象徴《しょうちょう》であり、生の完全燃焼《かんぜんねんしょう》がもたらす、鮮《あざ》やかな彩《いろど》りの美《び》といえよう。その円熟《えんじゅく》した美《うつく》しさは、青葉《あおば》の青春《せいしゅん》に勝《まさ》るとも劣《おと》らない。

信心の先輩《せんぱい》たちが、人格《じんかく》の光彩《こうさい》を増《ま》し、人びとから慕《した》われ、信頼《しんらい》、尊敬《そんけい》されていくならば、それがそのまま、広宣流布《こうせんるふ》の広がりとなっていく。そうした方々《かたがた》の存在《そんざい》こそ、全同志《ぜんどうし》の誇《ほこ》りであり、創価の無上《むじょう》の宝《たから》である。

「21世紀への母と子を語る」「母と子の世紀」より

幼《おさな》い命《いのち》にそそがれた母の愛《あい》は、一生《いっしょう》を支《ささ》えるエネルギーです。愚直《ぐちょく》な母でいいのです。ときには失敗《しっぱい》し、ときにはおっちょこちょいで、ときに感情《かんじょう》が爆発《ばくはつ》することもある。

しかし、つねに一生懸命《いっしょうけんめい》に生きることです。子どもは、その母の姿《すがた》を見て育《そだ》ちます。言葉ではない。いくら、きれいごとを言っても、生き方がともなわなければ、言うことを聞《き》くわけがない。

母親の生き方で決《き》まります。心《こころ》の奥《おく》の奥に刻《きざ》みこまれた、親の愛《あい》と生き方が、マグマのごとく、子どものエネルギー源《げん》となって、一生《いっしょう》を支《ささ》えていくと言えるのです。

◆「母と子を語る 1」

家庭のなかで、またある人は仕事をかかえながら、本当にたいへんな毎日のなかで、広宣流布《こうせんるふ》の戦《たたか》いを進《すす》められている。太陽のごとく、家族を照《て》らし、地域を輝《かがや》かせておられる。その姿《すがた》は、この世《よ》でもっとも尊極《そんごく》な存在《そんざい》です。その懸命《けんめい》な姿を、子どもはじっと見つめています。

「どっちが大切」と言われたら、ハッキリと「あなたよ」と言ってあげることです。そして、活動にしろ、仕事にしろ、なんのために頑張《がんば》っているのか、人々に尽《つ》くしているのかという思いを、自信《じしん》をもって、きちんと話《はな》してあげることです。

「きっと分《わ》かってくれるだろう」「忙《いそが》しいのだから、仕方《しかた》がない」といった勝手《かって》な思いこみは、禁物《きんもつ》です。愛情《あいじょう》は具体的《ぐたいてき》に表《あらわ》してあげないと、子どもは頭《あたま》で分《わ》かっていても、なかなか納得《なっとく》できないものなのです。

◆「母と子を語る 1」

 「21世紀への母と子を語る」「母と子の世紀」より

大事なのは、忙《いそが》しさに負《ま》けないこと。「心《こころ》」が負けないことです。時間がたくさんあるからといって、いい子育《こそだ》てができるわけではない。時間がいくらあっても、「心《こころ》」がなければ、子どもとの本当の触《ふ》れ合《あ》いは生まれないものです。

忙《いそが》しさに心《こころ》が負《ま》けると、「愚痴《ぐち》」が出る。「いやだな」と思いながらやっていると、よけい心に余裕《よゆう》がなくなり、つらい思いばかりが、どんどん積《つ》もってしまいます。

それでは、せっかく一生懸命《いっしょうけんめい》やっていても、「喜《よろこ》び」は生まれない。「悪循環《あくじゅんかん》」です。

反対《はんたい》に、前向《まえむ》きになって、「喜《よろこ》び」をもって取《と》り組《く》めば、生命《せいめい》が回転《かいてん》を始《はじ》める。「喜んで」取り組むことが、生命を回転させる「潤滑油《じゅんかつゆ》」になるのです。

喜《よろこ》びが「心《こころ》の潤滑油《じゅんかつゆ》」だとすれば、愚痴《ぐち》は、「心のさび」と言えるかもしれません。心がさびつくと、生命《せいめい》の回転《かいてん》が鈍《にぶ》くなり、固《かた》まってしまう。本来《ほんらい》ならば、できるようなことも、できなくなってしまう。時間がある、ないではない。「心《こころ》」です。人生は戦《たたか》いです。「さあ、戦おう！」という心《こころ》を燃《も》やせば、自分が思ってもみなかったような力《ちから》が出《だ》せるものです。

「母と子を語る 3」

ともすると、何かあった時に、結論《けつろん》を急《いそ》いだり、子どもに「ああしなさい」「こうしなさい」と命令《めいれい》しがちになるものです。でもその前に、子どもの言うことに、しっかりと耳《みみ》をかたむけることを忘《わす》れてはなりません。まず「聞《き》く」ことから、「対話」も「信頼《しんらい》」も生まれてくるのですから。

「母と子の世紀 2」

自分では意識《いしき》していなくても、心《こころ》のどこかに、「どうせ子どもだから」などという傲慢《ごうまん》さがあれば、子どもはそれを感《かん》じ取《と》る。子どもは敏感《びんかん》です。生命《せいめい》のレーダーで、大人《おとな》の心を、そのまま写《うつ》し取《と》ってしまう。

いつも言っていることですが、子どもの中には立派《りっぱ》な大人《おとな》がある。一個《いっこ》の人格《じんかく》として尊重《そんちょう》していくことです。

逆《ぎゃく》に言えば、どこまでも真心《まごころ》をかたむけ、愛情《あいじょう》をそそいでいけば、たとえそれが不器用《ぶきよう》であっても、子どもは必《かなら》ず応《こた》えてくれる。

苦労《くろう》があるからこそ、親が人間として成長《せいちょう》できる。

「育《そだ》てる」ほうも、「育てられる」のです。

◆「母と子を語る 3」

何があっても、自分自身のゴールを見失《みうしな》わずに挑戦《ちょうせん》しぬく人、決《けっ》してあきらめずに徹《てっ》しぬく人が、人間としての「勝利者」です。世間《せけん》でいう、いい学校、いい就職《しゅうしょく》という、〝成功《せいこう》のレール〟を歩《あゆ》むことだけが人生ではありません。

仮《かり》に、そのレールどおりの人生を歩《あゆ》めたとしても、本当の充実感《じゅうじつかん》を味《あじ》わえるかどうかは、まったく別問題《べつもんだい》でしょう。有名《ゆうめい》な大学を出ても、汚職《おしょく》に走《はし》ったりして、人生を台無《だいな》しにしてしまう人も少なくない。

子どもというのは、自分自身で伸《の》びる〝芽《め》〟をもっているのです。

だからこそ、お子さんが進《すす》むべき道を見つけたら、しっかり話しあったうえで、全力《ぜんりょく》で応援《おうえん》していく。親がたじろいだり、戸惑《とまど》ったりしてはいけない。親が世間《せけん》体《てい》を気《き》にして、子どもを理解《りかい》しなかったら、だれが理解してあげられるのか。

何があろうと、他人《たにん》がどう言おうと、自分だけは、子どもの「絶対の味方《みかた》」となり、「最大《さいだい》の支《ささ》え」となってあげるのです。

✦「母と子を語る 1」

「21世紀への母と子を語る」「母と子の世紀」より

自分の成長《せいちょう》を喜《よろこ》んでくれる人がいることが、どれほどの励《はげ》みになることか。とくに、子どもはそうです。

「励《はげ》ます」とは、「自信《じしん》を持《も》たせる」ことです。「やればできる」という気持《きも》ちにさせることとです。

子どもというのは、きっかけさえつかめれば、驚《おどろ》くほど伸《の》びる場合《ばあい》がある。そのためには、励《はげ》ます側《がわ》の根気《こんき》が必要《ひつよう》です。「励まし続《つづ》ける」こと、「周《まわ》りがあきらめない」ことです。そういう環境《かんきょう》でこそ、子どもは、自分の中にある力《ちから》を、どんどん開花《かいか》させていくことができる。

◆「母と子の世紀 2」

「子どもがいないからといって、卑屈《ひくつ》になってはいけない。御本尊様をいただいて、学会活動を一生懸命《いっしょうけんめい》やっているのだから、その時点《じてん》で、すべて宿業転換《しゅくごうてんかん》しているんだよ」

「子どもが生まれたとしても、子どもによって、地獄《じごく》のような苦しみを味《あじ》わう親もいる。子どもに殺《ころ》されてしまう親もいる。こうやって一生懸命《いっしょうけんめい》、信心して、活動していて子どもが生まれない、というのは、意味《いみ》がある。そこを、信心で確《かく》信《しん》できるか、確信できないか、どっちかなんだよ」

（中略）

「周《まわ》りに、未来っ子や青年部がたくさんいるじゃないか。全部《ぜんぶ》、わが子と思って、大事に育《そだ》てさせていただくんだ。ちょっとした、一念《いちねん》の微妙《びみょう》な差《さ》だけども、そう思っていくと、人生、全然違《ぜんぜんちが》ってくるよ」

◆「母と子を語る 1」

母親にとって、いちばん苦しくて、いちばんつらいのが、子どもの悩《なや》みだと思

「21世紀への母と子を語る」「母と子の世紀」より

います。

なかなか解決《かいけつ》しないときには、ずっとその状態《じょうたい》が続《つづ》いてしまうのではないかと、考え込《こ》んでしまうこともあるかもしれない。また、自分のほうがつらくなって、子どもに向《む》き合《あ》う気持《きも》ちの余裕《よゆう》をなくしたり、子どもを信頼《しんらい》できなくなる時さえあるかもしれない。

でも、子どもにとって母親は〝一人《ひとり》だけ〟なのです。何より頼《たよ》りにするお母さんが、くじけてしまえば、子どもは「心《こころ》の支《ささ》え」を失《うしな》ってしまうことになる。

つまずいたっていい。転《ころ》んだっていい。子どもと一緒《いっしょ》に、何度も起《お》き上《あ》がればいいのです。「母子《ははこ》の絆《きずな》」を深《ふか》める最大《さいだい》のチャンスと思って、力《ちから》を合《あ》わせればいいのです。

出口《でぐち》のないトンネルなどありません。苦しくても一歩《いっぽ》一歩、母子《ははこ》で手を取《と》りあいながら前へ進《すす》んでいけば、必《かなら》ず目《め》の前に青空が開《ひら》けてくるのです。

◆「母と子の世紀 2」

夫婦のあいだで大事なのは、「何が二人《ふたり》の心《こころ》をつなぐ絆《きずな》となっているか」です。最初《さいしょ》は他人同士《たにんどうし》だった二人《ふたり》が一緒《いっしょ》になるのです。そんな単純《たんじゅん》な事実《じじつ》を忘《わす》れて、相手《あいて》の気持《きも》ちも考えず、一方的《いっぽうてき》に感情《かんじょう》を押《お》しつけたり、きっとわかってくれるだろうと気持ちを曖昧《あいまい》にしたりすると、たがいに不満《ふまん》をもったり、心《こころ》のすき間《ま》を広げてしまうことになりかねない。

夫婦の絆《きずな》というのは、血《ち》のつながりのある親子とは違《ちが》って、〝心《こころ》と心のつながり〟でしか築《きず》くことのできないものなのです。

だからこそ、同じ人間として、たがいを結《むす》びつける強《つよ》い何かが必要《ひつよう》となる。私たち夫婦にとって、それは「広宣流布《こうせんるふ》」という共通《きょうつう》の目的《もくてき》であり、使命《しめい》でした。

◆「母と子の世紀 2」

「21世紀への母と子を語る」「母と子の世紀」より

家庭教育《きょういく》へのアドバイス

「信心は一生《いっしょう》。今は勉学第一《べんがくだいいち》で」

「子どもと交流《こうりゅう》する日々《ひび》の工夫《くふう》を」

「父母が争《あらそ》う姿《すがた》を見せない」

「父母が同時《どうじ》には叱《しか》らない」

「公平《こうへい》に。他《た》の子と比較《ひかく》しない」

「親の信念《しんねん》の生き方を伝《つた》えよう」

◆「母と子の世紀 1」

平凡《へいぼん》のなかに真実《しんじつ》の幸福が

東京・北多摩圏ヤング・ミセス代表者会でのスピーチ

一九八六年四月十一日

御書を拝《はい》すことの大切さ

日々の家事等でまことに多忙《たぼう》であり、また育児《いくじ》等も大変《たいへん》ななか、このように真《しん》剣《けん》に御書の研鑽《けんさん》をされている姿《すがた》を、私は心から讃《たた》えたい。このエゴと無責任《むせきにん》と娯《ご》楽《らく》の時代《じだい》ともいうべき現代にあって、幼子《おさなご》をかかえながら、一緒《いっしょ》に「教学《きょうがく》」を学んでいこうという皆さま方の姿ほど尊《とうと》く、美《うつく》しいものはない。私は心から、「ご苦労《くろう》さま」と申《もう》し上《あ》げたい。

御本尊、大聖人も必《かなら》ずや御賞讃《ごしょうさん》されていることと思う。

御書においては「五重《ごじゅう》の相対《そうたい》」「四重《しじゅう》の興廃《こうはい》」「三証《さんしょう》」、また「文上《もんじょう》・文底《もんてい》」「一《いち》往《おう》・再往《さいおう》」「総別《そうべつ》の二義《にぎ》」「当分《とうぶん》・跨節《かせつ》」「教相《きょうそう》・観心《かんじん》」等々の拝《はい》し方があり、じつにさまざまな角度《かくど》から体系的《たいけいてき》に論《ろん》を尽《つ》くされている。その究極《きゅうきょく》の結論《けつろん》として、御本尊に一切《いっさい》が帰着《きちゃく》するのである。この御本尊こそ末法万年尽未来際《まっぽうまんねんじんみらいさい》までの一切《いっさい》衆生《しゅじょう》の成仏《じょうぶつ》の根本法《こんぽんほう》であられる。

この御本尊の無量無辺《むりょうむへん》にして絶対の仏力《ぶつりき》・法力《ほうりき》をいただくのは、私どもの信《しん》力《りき》・行力《ぎょうりき》によるのであり、純粋《じゅんすい》にして強《つよ》き信心が大切になってくるわけである。

ゆえに、私どもは生涯不退《しょうがいふたい》の信心でなければならない。この御本尊を受持《じゅじ》し、成仏《じょうぶつ》という目的地《もくてきち》まで正しき信心の歩《あゆ》みを運《はこ》びきっていくなかに、自然《しぜん》のうちに甚深《じんしん》の御書の法理《ほうり》にのっとっていけるからである。その正しき信心を実践《じっせん》しゆく裏《うら》づけとなるのが教学《きょうがく》であることを知《し》っていただきたい。

“一家《いっか》の太陽”

ともかく主婦である皆さま方は、ご主人を大切にしていただきたい。「わが主人こそ、日本いな世界《せかい》で一番、立派《りっぱ》な人である」と確信《かくしん》していくべきである。他《ほか》の家庭のご主人方と比《くら》べて、あの人は社会的立場《たちば》が高《たか》いとか、財力《ざいりょく》がある、いい生活をしているなどと、うらやむ必要《ひつよう》はない。うらやむことはみじめである。有名即幸福《ゆうめいそく》でも、裕福《ゆうふく》即幸福でもないからである。大切なことは、ご主人を守《まも》り、支《ささ》えながら、お子さんを立派《りっぱ》に育《そだ》てていくという、平凡《へいぼん》といえば平凡なことを、やりきっていくことである。その平凡のなかに真実《しんじつ》の幸福があることを知《し》らなければならない。

太陽は、毎日、朝がくれば東天《とうてん》に昇《のぼ》り、夜になれば沈《しず》んでいく。たとえ雨や嵐《あらし》の日であっても、その動きは変《か》わることなく毎日、毎日が同じ繰《く》り返《かえ》しである。しかし太陽は、生きとし生けるものすべてに慈光《じこう》を与《あた》え、育《はぐく》んでくれる。

皆さま方も家庭にあって、朝起《お》きて食事の用意《ようい》をする。ご主人を仕事に送《おく》り出《だ》し、子どもの面倒《めんどう》をみる。そして買《か》い物《もの》、炊事《すいじ》、洗濯《せんたく》等々、毎日、毎日が、同じことの繰《く》り返《かえ》しの連続《れんぞく》であるかもしれない。それは、まことに平凡《へいぼん》なことに思えるが、一家《いっか》にあって欠《か》かせない、もっとも大切な役割《やくわり》を担《にな》っているのである。この平凡というなかに、じつは幸福への確《たし》かな道がある。ここにご婦人を〝一家《いっか》の太陽〟という意義《いぎ》があるのである。

一家《いっか》にあっては、やはり夫人の信心が、ご主人の信心の姿勢《しせい》、子どもの成長《せいちょう》にまで大きな影響力《えいきょうりょく》をもっていくものである。

私は立場上《たちばじょう》、これまで多くの夫婦をみてきた。その経験《けいけん》から一つの結論《けつろん》としていえることは、ご主人が成長《せいちょう》し、人間的にも立派《りっぱ》な家庭は、夫人の信心が強《つよ》い。また人生の生き方や生活態度《たいど》が立派で、しっかりしている。幹部《かんぶ》であっても退転《たいてん》した人の家庭をみると、当然《とうぜん》、本人自身の宿命《しゅくめい》、信心の問題《もんだい》はあるが、夫人の信心が弱《よわ》かったり、虚栄心《きょえいしん》や見栄《みえ》が強かったりする場合《ばあい》が、あまりにも多い。夫人の信心と生き方の姿勢《しせい》が、いかに大きく影響《えいきょう》しているかを痛感《つうかん》する。

ゆえに、たとえご主人がどんな役職《やくしょく》にある人であっても、ご主人の姿《すがた》だけでは正しい判断《はんだん》ができない場合《ばあい》がある。夫人を見なければ分《わ》からないものだ。その意《い》味《み》で、一家《いっか》の太陽である夫人の存在《そんざい》は、じつに大きいことを知《し》っていただきたい。

家庭にあって、信心のことで、いさかうようなことがあってはならない。たとえご主人が未入信《みにゅうしん》であったり、信心が分《わ》からない場合《ばあい》でも、妻である皆さま方が、しっかり勤行《ごんぎょう》に励《はげ》み、信心が強ければ、ご主人をも包《つつ》んでいくことができるのが妙法《みょうほう》の力用《りきゆう》なのである。決《けっ》してあせる必要《ひつよう》もないし、悲観《ひかん》する必要もない。長い目でみていけば、ご主人も必《かなら》ずや、信心の方向《ほうこう》へと向《む》かっていくことを確信《かくしん》していただきたい。

さまざまな考え方や方法《ほうほう》はあるが、特《とく》に〝叱《しか》る〟という点において夫婦の対応《たいおう》の在《あ》り方の一つを述《の》べておきたい。子どもを叱るようなことがあった場合《ばあい》、母親と父親の両方が、一緒《いっしょ》になって叱ることは好《この》ましくないと思う。母親が子どもを思って厳《きび》しく叱った場合は、父親は、優《やさ》しく見守《みまも》ってあげることが大事である。

両親が一緒になって叱ると、子どもを追《お》い込《こ》んでしまい、自閉的《じへいてき》な性格《せいかく》にしてしまう場合が、往々《おうおう》にしてあるからだ。

〝さいわい〟は心《こころ》から

御書に「わざわい《禍》は口《くち》より出《い》でて身をやぶる・さいわい《福》は心よりいでて我《われ》をかざる」（一四九二ジペー）との御文《ごもん》がある。

信心の世界《せかい》にあっても、心《こころ》が野心《やしん》と虚栄《きょえい》のみで、口先《くちさき》がうまく、要領《ようりょう》よく世《よ》を渡《わた》り、小利口《こりこう》に振《ふ》る舞《ま》う人間がいた。だが、一時的に成功《せいこう》したように見えても、長い目でみた場合《ばあい》、結局《けっきょく》は人々から見抜《みぬ》かれ、信頼《しんらい》を失《うしな》ってしまうものである。自《みずか》らの不誠実《ふせいじつ》と虚栄《きょえい》の心によって自ら不幸《ふこう》をまねき、人生を破壊《はかい》していくのが常《つね》である。

逆《ぎゃく》に、たとえ口《くち》べたであっても、誠実《せいじつ》でまじめな信心を貫《つらぬ》き、真心《まごころ》のうえから語り、行動していく人は、最終的《さいしゅうてき》に自分を〝さいわい〟で飾《かざ》っていくことができる。人からも尊敬《そんけい》されていくものである。

短《みじか》い一節《いっせつ》であるが、目に見えない「心《こころ》」「一念《いちねん》」がどれほど大切なものか、また人生の幸《こう》、不幸《ふこう》を決定《けってい》していくか、その要諦《ようてい》を御教示《ごきょうじ》された御文《ごもん》であると思う。

要《よう》するに、仏法《ぶっぽう》の世界《せかい》においては、口《くち》のうまさとか、小利口《こりこう》な要領《ようりょう》のよい生き方は、全《まった》く必要《ひつよう》のないことであり、無縁《むえん》なのである。そのことを皆さまは賢明《けんめい》かつ鋭《するど》く見抜いていただきたい。

法のため、悩《なや》める友のため

ヤング・ミセスの皆さま方《がた》には、日々、さまざまな悩《なや》みやご苦労《くろう》があるにちがいない。しかし、どこまでも信心根本《こんぽん》に、ご主人を守《まも》り、支《ささ》えながら、お子さんを立派《りっぱ》に育《そだ》てていただきたいのである。そのうえに立って、「法」のために、また悩める人々のために尽《つ》くしていただきたい。やはり自分の幸福のみを追求《ついきゅう》する行き方だけでは、エゴとなるし、自《みずか》らも成長《せいちょう》できないからである。

その平凡《へいぼん》と思える日々《ひび》の生活、行動のなかにのみ、真実《しんじつ》の幸福は築《きず》かれていくのである。それを忘《わす》れた生活の「大地《だいち》」をはずれるような歩《あゆ》みは、空中《くうちゅう》を歩《ある》いていこうとするようなむなしい生き方である。独《ひと》りよがりで、心《こころ》もとない、不確《ふたし》かなものであり、実像《じつぞう》の幸福を築いていくことはできない。結局《けっきょく》は行き詰《づ》まり、不《ふ》幸《こう》の人生へと流《なが》されてしまうことを知《し》っていただきたい。

その意味《いみ》において、どうか、どこまでも自分らしく、どこまでもわが家《や》らしく、一歩《いっぽ》また一歩と幸福と充実《じゅうじつ》の世界《せかい》を心《こころ》に大きく広げながら、所願満足《しょがんまんぞく》の朗《ほが》らかな人生を生《い》き抜《ぬ》いていっていただきたい。

長編詩
広宣流布《こうせんるふ》に走《はし》る若《ヤング》き《・》お母様《ミセス》に贈《おく》る詩《うた》

二〇〇七年二月十一日

ヤング・ミセス――
なんと優《すぐ》れた
若々《わかわか》しき皆様方よ！
清《きよ》らかな汗《あせ》を流《なが》しながら
今日《きょう》も
広宣流布《こうせんるふ》のために走《はし》る。
なんと誇《ほこ》らかな姿《すがた》か！
なんと尊《とうと》き姿か！

胸中《きょうちゅう》には
家族の健康と繁栄《はんえい》を
そして
わが子らの成長《せいちょう》と勝利を
深《ふか》く祈《いの》りながら！

来る日も　来る日も
いかなる多忙《たぼう》の時でも

体《からだ》の疲《つか》れている時でも
悲《かな》しむ友のために
苦しむ人びとのために
一目散《いちもくさん》に走《はし》りゆく
若《わか》き仏《ほとけ》の姿《すがた》である
皆様方よ！

諸天善神《しょてんぜんじん》は
この母たちを讃嘆《さんたん》し
必《かなら》ず護《まも》る。
これが仏法《ぶっぽう》の方程式《ほうていしき》だ。

誠実《せいじつ》に

人びとのために
駆《か》け寄《よ》っていく姿！
悩《なや》める人びとを
探《さが》し出《だ》していく努力《どりょく》！
そして互《たが》いに励《はげ》まし合う
なんと美《うつく》しい
人間と人間の光景《こうけい》か！

その貴女《あなた》の姿《すがた》は
あまりに気高《けだか》い。
目《め》まぐるしい　今の
世界《せかい》にあって
どれほど

かけがえのないことか。
法華経《ほけきょう》の精神《せいしん》を正しく
日本に伝えた伝教大師《でんぎょうだいし》は
妙法《みょうほう》を求《もと》め　弘《ひろ》めゆく人こそ
「国宝《こくほう》」であると説《と》かれた。
この名誉《めいよ》ある記別《きべつ》は
永遠《えいえん》に変《か》わらないはずだ。

ドイツの詩人《しじん》シラーは言った。
「人間を
　幸福ならしめることこそ、
最高《さいこう》のそして
最《もっと》も厳粛《げんしゅく》な仕事なのである」(1)

われら創価の
婦人部の仕事こそ
この世《よ》で
一番　素晴《すば》らしく
尊貴《そんき》な姿《すがた》である。

　貴女《きみ》　立たば
何処《いずこ》の天地も
　　花　爛漫《らんまん》

さあ　踏《ふ》み出《だ》そう!

晴れわたる青空のもとへ。
皆様の前途《ぜんと》には
重く澱《よど》んだ暗《くら》がりなど
まったくない。

おお
若《わか》き広布《こうふ》の母たちよ！
希望の春風《しゅんぷう》の貴女《あなた》よ！
さわやかな香風《こうふう》の貴女よ！
快活《かいかつ》に賑《にぎ》やかに
さらに　さらに大きな
美《うつく》しいスクラムを
組《く》んでいただきたい。

フランスの文豪《ぶんごう》
ロマン・ロランは呼《よ》びかけた。
「いっそう正しく、
いっそう自由《じゆう》で友愛《ゆうあい》にみちた
人間的社会の到来《とうらい》を
促進《そくしん》するために
団結《だんけつ》しよう。
そして共《とも》に並《なら》んで闘《たたか》おう」(2)

人間らしい社会を
築《きず》くためには
人間らしい組織が

必要《ひつよう》である。
大勢《おおぜい》の正義の連帯《れんたい》こそ
最高無上《さいこうむじょう》の
勝利の道であるからだ。

恩師《おんし》・戸田城聖《じょうせい》先生は
ヤング・ミセスを励《はげ》まされた。
「女子部から婦人部になって
家庭に入ると
家事や育児《いくじ》に追《お》われ
一度は　もみくちゃに
なってしまう。
それに負《ま》けるな！

その中から立《た》ち上《あ》がって
たくましく伸《の》びていくのが
本当の信心である」と。
まったくその通《とお》りだ。

子どものことで
悩《なや》む人がいる。
子どもが
いなくて悩む人も
少なくない。
夫《おっと》や家族のことで悩む。
そして自身の宿命《しゅくめい》に
悩む人も多い。

「三界《さんがい》は
安《やす》きこと無《な》し
猶《な》お火宅《かたく》の如《ごと》し」
幸福と平和《へいわ》の城《しろ》であるべき
わが家《や》が
苦悩《くのう》の火宅に変わることは
あまりにも厳《きび》しき現実《げんじつ》だ。
娑婆世界《しゃばせかい》とは
その苦悩を堪《た》え忍《しの》ぶ
世界である。

しかし

感傷《かんしょう》の涙《なみだ》もいらない。
自分勝手《かって》な
悲観《ひかん》の妄想《もうそう》などもいらない。

「感傷的《かんしょうてき》になると
魂《たましい》は混乱《こんらん》する」(3)とは
フランス学士院《がくしいん》の詩人《しじん》
コクトーの達観《たっかん》であった。

だからこそ
自身の心《こころ》に
勇気の光《ひかり》を灯《とも》すのだ!
希望の太陽を

燃《も》え上《あ》がらせるのだ！
心を強《つよ》くするのだ！

日蓮大聖人は仰《おお》せである。
「極楽《ごくらく》百年の修行《しゅぎょう》は
穢土《えど》の一日の功徳《くどく》に及《およ》ばず」
大変《たいへん》な時にこそ
最極《さいごく》の仏道《ぶつどう》修行ができる。
無量《むりょう》の大功徳《だいくどく》を積《つ》めるのだ。

負《ま》けないことが
幸福である。
負けないことは

もう勝ち進《すす》んでいるのだ。
そのための原動力《げんどうりょく》の法則《ほうそく》が
太陽の仏法《ぶっぽう》である！

妙法尼《みょうほうあま》への御手紙には
「百千万年くらき《闇》所《ところ》にも
燈《ともしび》を入《い》れぬれば
あか《明》くなる」と
記《しる》されている。
その仰《おお》せの通《とお》りだ。

ひとたび
太陽の女性が立《た》ち上《あ》がれば

一家《いっか》の暗雲《あんうん》も
たちまちにして晴《は》れわたる。
正義の光《ひかり》は輝《かがや》き
福運《ふくうん》の花園《はなぞの》が
広がっていくのだ。

オーストリアの劇作家《げきさっか》
グリルパルツァーは綴《つづ》った。
「わたしは
一つの罪《つみ》を知《し》っている。
その罪の黒さにくらべれば、
ほかの罪なぞは
すべて百合《ゆり》の花のように
白く見えるほどだ。
忘恩《ぼうおん》というのが
その名《な》だ」(4)
恩を知《し》らぬ濁《にご》った心《こころ》は
底知《そこし》れぬ闇《やみ》である。

日蓮大聖人が深《ふか》く
信頼《しんらい》を寄《よ》せられていたのも
師匠《ししょう》の恩《おん》を深く知《し》る
心清《こころきよ》らかな
若《わか》き女性の弟子《でし》たちであった。

あの佐渡流罪《さどるざい》の法難《ほうなん》の折《おり》

鎌倉《かまくら》でも
千人のうち九百九十九人が
退転《たいてん》したといわれるほどの
迫害《はくがい》の嵐《あらし》が続いた。
名家《めいか》の領主《りょうしゅ》の妻といわれる
年配《ねんぱい》の大尼《おおあま》は
大聖人に最大《さいだい》に護《まも》られながら
いざという時に
恩知《おんし》らずにも信仰《しんこう》を捨《す》てた。

だが　しかし
重鎮《じゅうちん》の権威《けんい》のある大尼《おおあま》が
心《こころ》を翻《ひるがえ》しても

若々《わかわか》しい
純心《じゅんしん》な新尼《にいあま》の信仰《しんこう》は
決《けっ》して揺《ゆ》れなかった。
家族の動揺《どうよう》に動《どう》じなかった。
ただひとすじに
弟子《でし》の道を貫《つらぬ》き通《とお》した。

大聖人は
この若《わか》き新尼《にいあま》を
心《こころ》から讃《たた》えられた。
「あなたの信心は
実《じっ》に素晴《すば》らしい。
たゆむ様子《ようす》がありません」と。

ご一家《いっか》のなかで
若《わか》き母よ！
貴女《あなた》こそが
中心者《ちゅうしんしゃ》なのだ！
幸福の大城《だいじょう》を
建設《けんせつ》しゆく責任者《せきにんしゃ》なのだ！
永遠《えいえん》勝利の名曲《めいきょく》を
奏《かな》でゆく指揮者《しきしゃ》なのだ！

私の妻も
創価のヤング・ミセスの
草創期《そうそうき》を走《はし》り抜《ぬ》いた。

若《わか》くして
幼子《おさなご》を抱《かか》えて
また幼子の手を引《ひ》いて
地域の道々を
友の家々を
歩《ある》きに歩いた。
語りに語った。

月光《げっこう》の
やさしき姿《すがた》に
妙法《みょうほう》の
強《つよ》き心《こころ》を
ふくみ持《も》てかし

最終章《さいしゅうしょう》の人生にあられた
戸田先生から
ご自身の誕生日《たんじょうび》を記念《きねん》して
妻に賜《たまわ》った和歌《わか》である。

あの言論問題《げんろんもんだい》の嵐《あらし》では
「今こそ御書を拝《はい》そう！」と
仏法《ぶっぽう》の眼《まなこ》を研《と》ぎ澄《す》まし
妻は深夜《しんや》まで
ひたぶるな祈《いの》りを
重《かさ》ねに重ね抜《ぬ》いてくれた。

今日《きょう》も烈風《れっぷう》だった。
今日も吹雪《ふぶき》だった。
そのなかを
妻と二人《ふたり》で
一日　また一日
前へ　また前へ
誇《ほこ》り高《たか》く生《い》き抜《ぬ》いた。

嵐《あらし》にも
　仏《ほとけ》の曲《きょく》あり
　　夫婦《めおと》かな

私が贈《おく》った一句《いっく》である。

大聖人は
若《わか》き後継《こうけい》の弟子《でし》に
「露《つゆ》を大海《たいかい》に入《い》れるごとく」
広宣流布《こうせんるふ》の大願《だいがん》に
わが生命《せいめい》を捧《ささ》げゆけと
師子吼《ししく》なされた。

新《あたら》しき平和《へいわ》社会の未来は
ヤング・ミセスにある。
希望に燃《も》えて
心《こころ》を伸《の》びやかに
広げることだ。

大海原《おおうなばら》のように
境涯《きょうがい》を晴《は》ればれと
開《ひら》くことだ。

著名《ちょめい》なオランダの人文主義者《じんぶんしゅぎしゃ》
エラスムスは
権力者《けんりょくしゃ》たちに語りかけた。
「人民《じんみん》を幸福にした時
初《はじ》めて自《みずか》らを幸福と
考えるべきです」
「諸都市《しょとし》が恒久平和《こうきゅうへいわ》に恵《めぐ》まれ
繁栄《はんえい》する時、
はじめて

己《おの》れも繁栄するものと
　考えるべきです」(5)
偉大《いだい》な哲人《てつじん》の洞察《どうさつ》は
仏法《ぶっぽう》の一分《いちぶん》を説《と》いている。

私たちの友人である
ベティ・ウィリアムズさんは
なぜ!
草の根の平和《へいわ》運動を
起《お》こしたのか。
それは
自分たちの目の前で
罪《つみ》なき子どもの生命《せいめい》を奪《うば》った

冷酷《れいこく》なる暴力《ぼうりょく》への怒《いか》りであった。

未来学者ヘンダーソン博士は
なぜ!
環境問題《かんきょうもんだい》に取《と》り組《く》み始《はじ》めたのか。
それは
わが子が帰《かえ》ってくるたび
肌《はだ》に付着《ふちゃく》していた黒い煤《すす》から
異常《いじょう》な大気汚染《たいきおせん》に
気づいたからだ。

みな出発点《しゅっぱつてん》は
若《わか》き母たちの

正義の声《こえ》であった。
怒《いか》りの行動であった。
次の世代《せだい》の
安穏《あんのん》と幸福を願《ねが》う
母と母の連帯《れんたい》であった。

厚顔《こうがん》の人びとは
笑《わら》うかもしれない。
彼らの言葉は
あまりにも汚《けが》らわしきものだ。

中国の思想書《しそうしょ》『管子《かんし》』には
「おごり高《たか》ぶるようになれば
精神がゆるんで怠慢《たいまん》になる」(6)と
厳《きび》しく責《せ》められている。

仏法《ぶっぽう》のことを
まったく知《し》らぬのに
傲慢不遜《ごうまんふそん》にも
愚昧《ぐまい》な批判《ひはん》が
繰《く》り返《かえ》されてきた。

悪意《あくい》に満《み》ちた人びとよ！
中傷《ちゅうしょう》に満ちた人びとよ！
嫉妬《しっと》に狂《くる》った人びとよ！

それは
軽薄《けいはく》にして貧《まず》しき心の
支配者《しはいしゃ》たちの
愚劣《ぐれつ》な呻《うめ》き声《ごえ》だ。

民主主義《みんしゅしゅぎ》の法則《ほうそく》に則《のっと》った
社会にあって
宗教弾圧《しゅうきょうだんあつ》とは何ごとか！
それは
悩乱《のうらん》した野蛮《やばん》な心の蠢動《しゅんどう》だ。

人権の根幹《こんかん》は――
信教《しんきょう》の自由《じゆう》である。

布教《ふきょう》の自由である。
言論《げんろん》の自由である。
結社《けっしゃ》の自由である。
政治参加《せいじさんか》の自由である。

なんたる時代錯誤《じだいさくご》！
民主主義《みんしゅしゅぎ》のはき違《ちが》い！
言論《げんろん》の暴力《ぼうりょく》という
卑怯《ひきょう》な連中《れんちゅう》には
当然《とうぜん》　仏罰《ぶつばち》が下《くだ》ることは
釈尊《しゃくそん》の厳《きび》しい戒《いまし》めだ。

いな
末法《まっぽう》の大聖哲《だいせいてつ》の

峻厳《しゅんげん》なる警鐘《けいしょう》である。
恐《おそ》れるな!
恐れぬことが
幸福博士の証《あかし》であることを
忘《わす》れまい。

恐《おそ》れるな!
何ごとにも恐れぬことが
幸福の本質《ほんしつ》の第一歩なのだ。
厳然《げんぜん》たる信念《しんねん》の仏法《ぶっぽう》の
体現《たいげん》なのである。

世法《せほう》は評判《ひょうばん》
国法《こくほう》は賞罰《しょうばつ》
仏法《ぶっぽう》は勝負《しょうぶ》
ゆえに
人生は勝負である。
勝たねばならない。

評判《ひょうばん》に左右《さゆう》されるなど
愚《おろ》かである。
痛快《つうかい》に汝《なんじ》自身が
勝ちまくればよいのだ。

「生命尊厳《せいめいそんげん》の世紀」の

勝利のトップランナーこそ
ヤング・ミセスの
貴女《あなた》たちである。

アフリカの環境《かんきょう》の母
マータイ博士は
微笑《ほほえ》みながら毅然《きぜん》と語った。
「何かを変《か》えようと思ったら
まず自分自身を変えることです。
生きることは
素晴《すば》らしい体験《たいけん》ですから
エンジョイしていくべきです」

未来の虹光《にじひか》る空《そら》を
見つめながら
辛抱強《しんぼうづよ》く
黄金《おうごん》の汗《あせ》を流《なが》そう！
母と子の幸福の花は
忍耐《にんたい》の大地《だいち》にこそ
咲《さ》き薫《かお》るからだ。

決《けっ》して
孤独《こどく》になってはならない。
貴女《あなた》には
久遠《くおん》の友がいる。
貴女には

久遠の使命《しめい》がある。

幸福の第一歩は
つまらぬ事故《じこ》を
断《だん》じて
起《お》こさぬことだ。

指導者《しどうしゃ》
そして男女を問《と》わず
幹部《かんぶ》たちは
女子部が
そして若《わか》き婦人部が
決《けっ》して

夜 帰宅《きたく》が遅《おそ》くならぬように
教育指導《きょういくしどう》していくべきだ。
これが責任《せきにん》である。

悪世《あくせ》の時代《じだい》であり
様々《さまざま》な事件《じけん》がある世相《せそう》だ。
絶対に一人《ひとり》たりとも
帰宅《きたく》が遅《おそ》くなって
事故《じこ》があってはならない。
道理《どうり》に反《はん》した生活はいけない。
指導《しどう》された通《とお》りの時間に
帰ることを

厳格《げんかく》に実行《じっこう》していただきたい。

自分の都合《つごう》で
引《ひ》き止《と》めるような幹部《かんぶ》は
解任《かいにん》されても仕方《しかた》がない。
首脳《しゅのう》をはじめ
指導幹部の方々《かたがた》に
厳《きび》しく申《もう》し上《あ》げておきたい。

私も　妻も
いつも　いつも
貴女《あなた》の無事安穏《ぶじあんのん》を
貴女の健康長寿《ちょうじゅ》を
貴女の幸福勝利を
真剣《しんけん》に祈《いの》り
題目を送《おく》り続《つづ》けている。

「誰《だれ》かが苦しんでいるときに
自分だけが
安逸《あんいつ》に生きるような人間が
いなくなる時代《じだい》が
一日も早く来るように
私たちは
行動しなくてはならない」(7)とは
あの奇跡《きせき》の女性
ヘレン・ケラーの信条《しんじょう》であった。

彼女は　さらに言った。
「もう一つ　重要《じゅうよう》なことは
襲《おそ》い来《きた》る嵐《あらし》に耐《た》えて
この信念《しんねん》を貫《つらぬ》き通《とお》すこと
そして
あらゆる災難《さいなん》と苦悩《くのう》のなかでも
この信念《しんねん》を
自《みずか》らが生きる規範《きはん》と
することです」(7)

正義の前進は
貴女《あなた》の勇気の一歩にある。

未来の勝利は
貴女のたゆまぬ挑戦《ちょうせん》にある。

蓮祖《れんそ》は断言《だんげん》なされた。
「一切衆生《いっさいしゅじょう》・
南無妙法蓮華経《なんみょうほうれんげきょう》と
唱《とな》うるより外《ほか》の
遊楽《ゆうらく》なきなり」
そして
「苦《く》をば苦とさとり
楽《らく》をば楽とひらき
苦楽《くらく》ともに思い合せて
南無妙法蓮華経と

うちとなへ《唱》ゐ《居》させ給《たま》へ」

信じ抜《ぬ》いた人は
必《かなら》ず幸福になる。
戦《たたか》い抜いた人は
必ず幸福になる。

御聖訓《ごせいくん》には仰《おお》せである。
「大難《だいなん》 来《きた》りなば
強盛《ごうじょう》の信心
弥弥《いよいよ》
悦《よろこ》びをなすべし」

忍耐強《にんたいづよ》く
激戦《げきせん》のなか
信心をやり抜《ぬ》いた人は
必《かなら》ず仏《ほとけ》となる。

その人が
不滅《ふめつ》の幸福の女王《じょおう》に
なれるのだ。
これが
生命《せいめい》の法則《ほうそく》であり
仏法《ぶっぽう》の結論《けつろん》である。

いかに多くの有名人が

立派《りっぱ》なことを言っても
それはそれである。
永遠《えいえん》の指導者《しどうしゃ》
釈尊《しゃくそん》の　そして
日蓮大聖人の
御言葉《おことば》に比《くら》べれば
天地雲泥《てんちうんでい》の差《さ》があるのだ。

仏法《ぶっぽう》の生命《せいめい》は
「言葉」である。
「声《こえ》　仏事《ぶつじ》を為《な》す」の
御聖訓《ごせいくん》の通《とお》りである。

慈愛《じあい》の言葉
破折《はしゃく》の言葉
楽しく
語り合う言葉
厳《きび》しく
魔《ま》を打《う》ち破《やぶ》る言葉――

仏《ほとけ》の言葉は
宇宙《うちゅう》の言葉であり
生命《せいめい》の法則《ほうそく》であり
因果倶時《いんがぐじ》の言葉である。
宇宙の根本《こんぽん》の大法則を
そのまま表現《ひょうげん》した

常住不変《じょうじゅうふへん》の哲学《てつがく》の言葉だ。
尊貴《そんき》な使命《しめい》に生きる
若《わか》き母たちよ！
この大仏法《だいぶっぽう》を
声高《こえたか》らかに
語り抜きながら
今日《きょう》も
朗《ほが》らかに走《はし》りゆこう！
自分自身のために！
自分自身の眷属《けんぞく》のために！
そして

悔《く》いなき
勝利の人生のために！
汝自《なんじ》身から
そして
わが地域から
地球上《ちきゅうじょう》のすみずみまで
母と子たちの
明《あか》るく楽しい声《こえ》と
天真爛漫《てんしんらんまん》な笑顔《えがお》が弾《はじ》ける
新《あたら》しき時代《じだい》を創《つく》るのだ。
幸福と正義のために！

戦争《せんそう》なき
人類《じんるい》の世界《せかい》のために！
そして
恒久平和《こうきゅうへいわ》のために！
ともあれ
一人《ひとり》ひとりの
生命《せいめい》の尊厳《そんげん》を
光《ひか》り輝《かがや》かせていくために！
二〇〇七年二月十一日
恩師・戸田城聖《じょうせい》先生の生誕《せいたん》の日を祝《しゅく》して
創価学会本部・師弟会館にて

（1）「悲劇に於ける合唱団の使用について」菅原太郎訳、新関良三編『シラー選集2』所収、冨山房（新字体に改めた）
（2）「善き隣人」片山寿昭訳、『ロマン・ロラン全集40』所収、みすず書房
（3）ジャン・コクトー著『ぼく自身あるいは困難な存在』秋山和夫訳、筑摩書房
（4）グリルパルツェル著『ザッフォオ』実吉捷郎訳、岩波書店（新字体に改めた）
（5）エラスムス著『平和の訴え』箕輪三郎訳、岩波書店
（6）遠藤哲夫著『新釈漢文大系42　管子（上）』明治書院
（7）Helen Keller, *Optimism, an essay*, T.Y.Crowell and Company.

婦人部に贈《おく》られた指針《ししん》

幸福者とは
智恵《ちえ》のある人
聡明《そうめい》な人
常識《じょうしき》ゆたかな人
そのすべてが
含《ふく》まれているのが
佛法即《ぶっぽうそく》生活の
法理《ほうり》である

心強《こころつよ》き人は勝利
希望持つ人は幸福
忍耐《にんたい》強き人は進歩《しんぽ》
皆様方、唱題《しょうだい》ある人は
永遠《えいえん》に　佛《ほとけ》なり

あせらず
急がず　悠々《ゆうゆう》と
常識《じょうしき》ある人が最后《さいご》は幸福に
ゴール！

✽

若《わか》いということは
無限《むげん》の幸福が
つつまれていると
いうことだ

楽しい一生《いっしょう》を
親子でおくり
ゆくために
その永久《えいきゅう》の土台《どだい》を
今日《きょう》もつくることだ

✽

佛法《ぶっぽう》は勝負《しょうぶ》であるが故《ゆえ》に
勝ちゆく人のみが
幸福者となりゆく
ことを忘《わす》れまい

誓《ちか》いの人は
幸の人

✻

万歳《ばんざい》を
叫《さけ》んであげたや
母上《ははうえ》に

✻

誰人《たれびと》も
敵《かな》うものなし
母の愛

広宣《こうせん》に
戦《たたか》い来たれる　偉大《いだい》なる
母の病《やまい》は　全《すべ》て去《さ》るらむ

✻

堂々《どうどう》と　生《い》き抜《ぬ》け　勝ちゆけ
病魔《びょうま》をも　笑《わら》い飛《と》ばして
長寿《ちょうじゅ》の王女《おうじょ》と

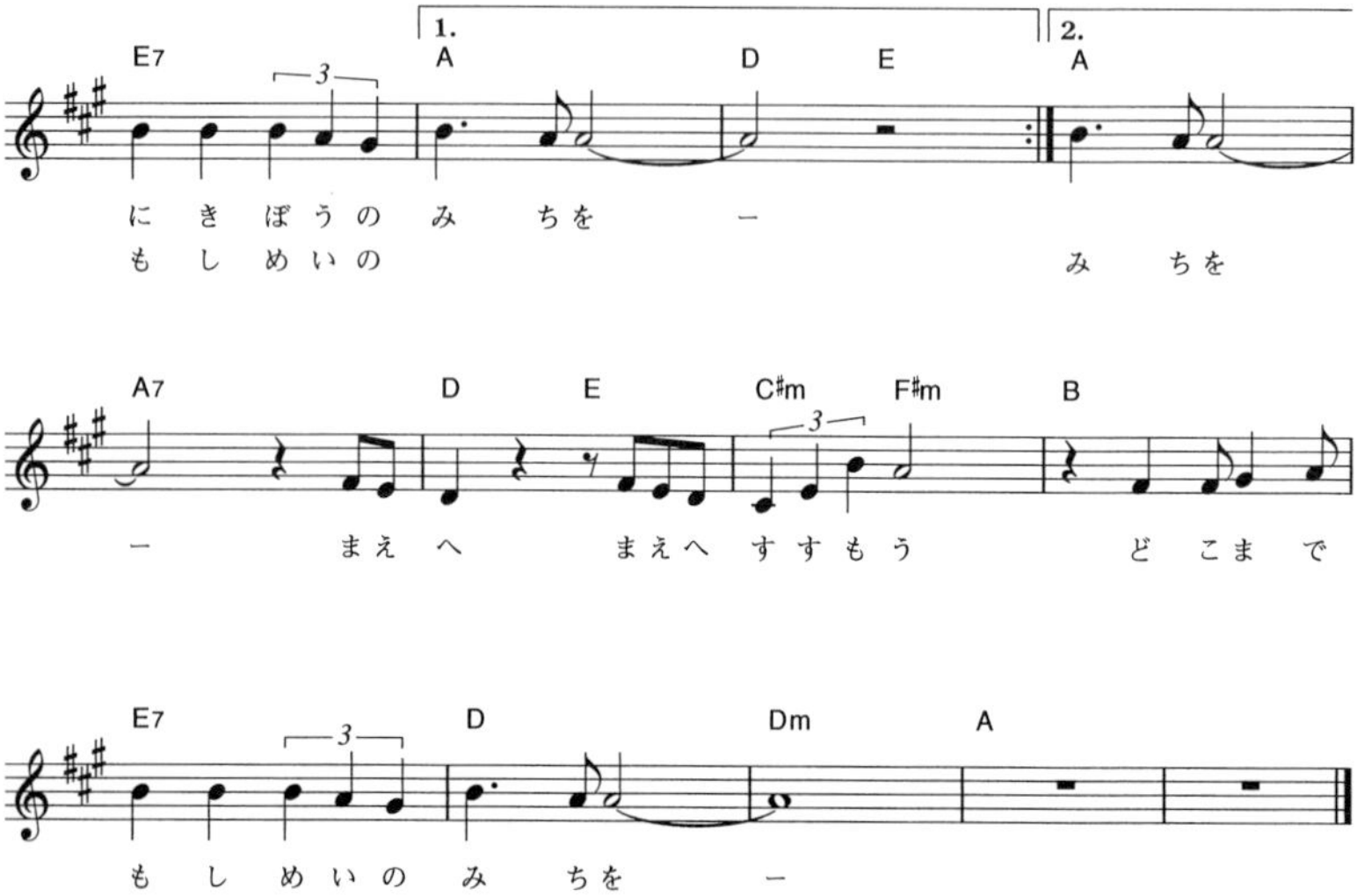

婦人部愛唱歌

勇《ゆう》気《き》のトップランナー

一、

さあ　走り出そう　心はずませ
きらめく朝の　風を切って
大きな悩みさえ　すべて喜びに変わる
永遠に負けないこと　そこに勝利がある
あふれる勇気で　未来を開こう
強く強く生きよう　朗らかに希望の道を

二、

さあ　走り出そう　スクラム組んで
緑の大地　はるかにめざし
真実の言葉は　人の心を動かす
永遠に語り続ける　そこに平和がある
あふれる勇気で　未来を開こう
前へ前へ進もう　どこまでも使命の道を
前へ前へ進もう　どこまでも使命の道を

勇気のトップランナー

作詞　ヤング・ミセス有志
作曲　国分貴美子

婦人部愛唱歌♪

「勇気のトップランナー」

スマートフォンやタブレット端末《たんまつ》で
簡単《かんたん》に聴《き》くことができます。

①下記の画像を読《よ》み込《こ》みアクセスします。

②曲《きょく》が画面《がめん》に出ます。

③再生を押してください。

URL ▸ https://www.sokanet.jp/recommend/toprunner/

*再生に際し、別途、通信費がかかる場合があります。

池田大作先生指導集
幸福の花束 Ⅲ――平和を創る女性の世紀へ

発行日　二〇二〇年五月三日
第二刷　二〇二〇年五月十日

編　者　創価学会婦人部
発行者　松岡　資
発行所　聖教新聞社
〒一六〇-八〇七〇　東京都新宿区信濃町七
電話〇三―三三五三―六一一一（代表）
印刷所　NISSHA株式会社
製本所　大口製本印刷株式会社
＊
落丁・乱丁本はお取り替えいたします

定価は表紙に表示してあります
ISBN978-4-412-01664-4